中小企業の残業代紛争 使用者側の実務

JN038487

狩倉博之
杉原弘康
中野智仁
[編著]

学陽書房

は し が き

　残業代紛争が増えている。労働者の権利意識の向上と労働審判手続の普及に加え、労働者の側で残業代紛争を取扱う弁護士が増えたことが要因の一つと思われ、労働者の権利擁護にとって好ましい状況といえる。これに対し、紛争の一方当事者である中小企業、特に小規模な事業者においては、労働紛争に対する意識が必ずしも高いとはいえず、残業代請求に対し適切な対応がとられていない場合が少なくない。

　本書は、残業代紛争の当事者となった中小企業の法律相談を受け、代理人として支援していこうと考えている弁護士を主な対象とし、①残業代紛争の現状と労働基準法の規定を概観したうえで（第1章・第2章）、②労働者の主張に対する使用者の主張・反論について解説し（第3章・第4章）、③紛争の解決手続と予防法を紹介する（第5章・第6章）ものである。第3章・第4章は訴訟手続における攻撃・防御の構造を意識した構成とし、Ｑ＆Ａを設けた。これから使用者の代理人になろうという方は、解説部分を通読したうえで、必要な範囲でＱ＆Ａを参照いただき、使用者の側での実務経験があるという方は、解説部分を知識の確認・整理のために、Ｑ＆Ａを主要な論点の理解を深めるために活用いただきたい。

　また、中小企業の支援にあたっている社会保険労務士や税理士といった士業の方々にも、労働紛争で悩まれている関与先を弁護士につなぐ際の参考にしていただければ幸いである。

　賃金債権の消滅時効期間が延長され、請求額は高額化し、残業代紛争はますます増加すると予想される。本書が中小企業を支援する多くの方々に活用され、迅速かつ適正な紛争の解決に役立つことを願っている。それはまた、労働者の権利擁護にも資するものと信じている。

　協力いただいた著者にお礼を述べるとともに、本書の出版にご尽力いただいた学陽書房の大上真佑氏に対し、心から感謝申し上げる。

　　令和3年3月

編著者　狩倉博之・杉原弘康・中野智仁

第1章　中小企業における残業代紛争の実際

第2章　残業代紛争に関する基礎知識

第3章 労働者が主張すべき事実と使用者の反論

第5章 紛争解決の実際

残業代紛争の予防

凡　例

【法令】

労基法	労働基準法
労基則	労働基準法施行規則
労契法	労働契約法
労安法	労働安全衛生法
労安則	労働安全衛生規則
労組法	労働組合法
労審法	労働審判法
労審規則	労働審判規則
賃確法	賃金の支払の確保等に関する法律
賃確法施行令	賃金の支払の確保等に関する法律施行令
賃確法規則	賃金の支払の確保等に関する法律施行規則
割増賃金令	労働基準法第三十七条第一項の時間外及び休日の割増賃金に係る率の最低限度を定める政令
民訴法	民事訴訟法
民訴規則	民事訴訟規則
非訟法	非訟事件手続法
非訟規則	非訟事件手続規則
民調法	民事調停法

【裁判例】

最判平成○年○月○日	最高裁判所判決平成○年○月○日
最決平成○年○月○日	最高裁判所決定平成○年○月○日
東京高判平成○年○月○日	東京高等裁判所判決平成○年○月○日
東京地判平成○年○月○日	東京地方裁判所判決平成○年○月○日

横浜地裁相模原支判平成○年○月○日　横浜地方裁判所相模原支部判決

　　　　　　　　　　　　　　　　　　　平成○年○月○日

【判例集・雑誌等】

民集　　最高裁判所民事判例集

集民　　最高裁判所裁判集民事

判時　　判例時報

判タ　　判例タイムズ

労判　　労働判例

労経速　労働経済判例速報

【文献】

菅野　　菅野和夫『労働法（第12版）』（弘文堂、2019年）

荒木　　荒木尚志『労働法（第4版）』（有斐閣、2020年）

水町　　水町勇一郎『詳解労働法』（東京大学出版会、2019年）

土田　　土田道夫『労働契約法（第2版）』（有斐閣、2016年）

佐々木　佐々木宗啓ほか編著『類型別労働関係訴訟の実務』（青林書院、2017年）

白石　　白石哲編著『労働関係訴訟の実務（第2版）』（商事法務、2018年）

中小企業における残業代紛争の実際

今なぜ残業代紛争への対策が求められるのか。本章では残業代紛争の現状と今後について概観し、残業代紛争における中小企業が抱える問題・課題を確認することで、残業代紛争への対応・対策の必要性を明らかにする。

1 残業代紛争の現状と今後の展望

1 残業代紛争の増加

　1990年代から残業代紛争を含む個別労働紛争が増加し、平成21年以降、地方裁判所の新受件数は労働審判手続と民事通常訴訟手続を合わせて6800件前後となっており（菅野1071頁）、平成28年中に東京地裁に申し立てられた労働審判手続においては、残業代支払を求めるものが24%を占めている（佐々木406頁）ことからすると、残業代紛争は統計上増加しているといえる。実際に使用者側で労働事件を担当していての実感としても、法律相談・受任の件数は増えていると感じる。

2 増加の理由

　増加の理由としては、①重大事件に関する報道とインターネットの普及による情報の流通・拡散により労働者の権利意識が向上したこと、②残業代請求の大多数が退職労働者からなされているところ、転職が一般化したこと、③労働審判手続の導入により迅速な解決が可能となったこと等があげられるが、④労働者側で労働事件、特に残業代請求事件を取り扱う弁護士が増え、インターネット等で残業代請求に関する法律相談・受任を広告する法律事務所が増えたことも大きな要因と考えられる。

3 今後の予測

　賃金債権の消滅時効期間が延長され、法的に請求可能な残業代の金額が増加すると予想されることから、残業代紛争は今後さらに増加するものと思われる。

（狩倉博之）

2 残業代紛争における 中小企業に特有の問題

　中小企業、特に小規模な事業者においては、労務管理上、以下のような問題を抱えていることが少なくなく、潜在的に残業代紛争が生じる可能性を抱えており、紛争が顕在化すれば、多額の残業代を支払わなければならなくなり、請求が他の従業員に波及するリスクも有している。

1　規程等の不備

　就業規則の作成義務を負わない零細事業者においてはもちろん、作成義務を負っている事業者においても、就業規則を作成していないことや、内容に不備のあることが少なくない。労働契約書を交わしておらず、労働条件通知書も作成していない場合もあり、所定労働時間や賃金額といった労働条件の内容から争いになることが多い。

2　運用上の問題

　就業規則等が存在していてもいなくても、法定労働時間を超える所定労働時間を設定していたり、労働時間の把握・管理を一切行っていなかったりすることも珍しくない。タイムカードを導入しつつも、残業代計算を正しく行っておらず、残業代を支払っていない事業者も存在する。

3　証拠資料の欠如

　上記の各問題の帰結として、労働者からの残業代請求に対し、時間外労働の有無・時間数を争い、支払その他の抗弁を主張するにあたって、使用者の主張を立証する証拠資料を欠き、労働者の請求を争うことが困難となりやすい。

4　経営者の意識

　法的に少なくともなにがしかの支払をしなければならない場合でも、従前の当該労働者との関係から、一切の支払に応じず、また、労働者がおよそ納得するとは思えない少額の支払で済ませようとする経営者が見られる。その対応は法的には通用しないことを説明しても理解を得られないこともある。

　他方で、目の前の紛争をとりあえず解決できればよいと考え、請求が法的に正しいものか否かの検証すらせず、請求されるがままに支払ってしまおうとする経営者もいる。他の従業員への影響に対する配慮に欠けた対応といえる。

5　紛争後の見直しの欠如

　実際に紛争が発生し、何らかの解決にいたった場合、紛争が生じた原因を検証し、再び紛争が発生しないよう労務管理の見直しを行うのが正しい経営のあり方と思われるが、直ちに見直しを行う経営者は、企業規模が小規模であるほど少ないように感じられる。　　　　　　　　　（狩倉博之）

3 残業代紛争への対応・対策の必要性

1 解決金の高額化

　残業代紛争が生じた場合、なにがしかの支払をしなければならないことが多い。使用者の側で労働事件を担当していると、労働審判手続等の法的手続による場合、解決金額は300万円以上となることも少なくない。これ自体大きな金額であるが、前提となる事実関係が同様であれば、消滅時効期間が2年から3年に延長されることで、今後は450万円以上（1.5倍）、将来的に5年に延長された場合には750万円以上（2.5倍）になる可能性があるということになる。加えて、当該紛争において未払がある場合、他の従業員に対しても未払があることが通常であろうから、潜在的に支払を要すべき金額は相当程度高額となるはずである。

　このようなリスクに対し、早急に適切な対応をとらないときは、経営に与える影響は大きく、中小企業においては経営破綻の危険すらあるといえる。まずは発生した紛争に対し適切に対応し、解決することが必要である。労働者からの請求を大幅に減額できる場合は決して多くはないが、実際の労働時間をきちんと検証し、限られた証拠資料を前提に、可能な主張を行っていくことで、少なくとも請求されるがままに支払うことは避けられる。これにより、他の従業員に無限定に紛争が波及することを一定程度防止することになりうる。他方で、紛争の長期化は手続対応の負担を拡大させることになり、遅延損害金の負担も無視することはできない。不合理な主張や支払拒否はせず、主張すべきことは主張したうえで、支払うべき金額を早期に支払うことが、負担を最小限にとどめる最良の方策と考える。

　この点、労働審判手続は、短期間に調停等により柔軟な解決を得られる可能性を有した制度であり、使用者にとっても有用な手続である。

2 弁護士に求められる役割

使用者の代理人となる弁護士においては、労基法その他の法令と裁判例、労働審判手続その他の紛争解決方法について精通するとともに、中小企業が抱える上記各問題を理解したうえで、中小企業における残業代紛争の解決を支援することが求められる。また、紛争解決後には、発生した紛争を良い機会として、再度の紛争の発生を防止するため、労務管理の見直しについて適切な支援を行うことも望まれる。

本書では、以上のような問題意識を前提に、次章以下、中小企業における残業代紛争を解決するために必要な法令上の制度、裁判例、解決手続について解説するとともに、紛争予防についても触れることとする。

（狩倉博之）

残業代紛争に関する基礎知識

　残業代紛争の解決に必要な基本的事項の理解が求められる。本章では、労働基準法がいかなる規制を置いているかについて、働き方改革による法改正を含めて確認したうえで、解決までの流れ、訴訟手続における攻撃・防御の構造を概説し、紛争において特に争点となる事項を紹介する。

1 残業代に関する労働基準法の規定

1 労働時間の原則

　使用者は労働者に1週間について40時間を超えて労働させてはならず（労基法32条1項）、1週間の各日については1日について8時間を超えて労働させてはならない（同法32条2項）。

　これらの法定労働時間を超えて労働を行わせる場合には、36協定の締結と届出を行うことが必要である（同法36条）。

2 休憩時間の原則

　1日の労働時間が6時間を超える場合は45分以上、8時間を超える場合は1時間以上の休憩時間を労働時間の途中に一斉に与えなければならず（労基法34条1項、2項）、休憩時間は労働者の自由に利用させなければならない（同法34条3項）。

3 週休制の原則

　使用者は労働者に対して毎週少なくとも1回の休日又は4週間を通じ4日以上の休日を与えなければならないとし、週休1日制の原則の適用を受けないとしている（労基法35条）。

4 36協定による時間外・休日労働

　使用者は、非常事由がある場合の許可制によるもの（労基法33条）のほか、事業場の労使協定を締結し、その協定の定めるところにより法定労働時間を超えて労働時間を延長し、休日に労働させることができる（同法36条1項）。この36協定を締結することで、使用者には、協定で定めた時間数・日数の範囲内において法定労働時間及び法定休日の違反を免れる効力（免罰的効力）が認められる。

36協定の必要的記載事項は、①時間外・休日労働をさせる対象労働者の範囲、②対象期間（1年間に限る）、③時間外労働又は休日労働をさせることができる場合、④対象期間における1日、1か月及び1年間の各期間についての時間外労働をさせることができる時間数又は休日労働をさせることができる日数、⑤その他労基則で定める事項（労基則17条1項1号ないし3号）である（労基法36条2項）。

5　時間外・休日・深夜労働の割増賃金

　使用者が労働時間を延長し、若しくは休日に労働させた場合、又は午後10時から午前5時までの間に労働させた場合においては、その時間又はその日の労働については、通常の労働時間又は労働日の賃金の計算額に一定の割増率を乗じた賃金を支払わなければならない（労基法37条）。

　割増率は、①1か月の合計が60時間までの時間外労働及び深夜労働については2割5分以上の率（同法37条1項本文・2項、割増賃金令、労基法37条4項）、②1か月の合計が60時間を超える時間外労働が行われた場合の60時間を超える時間外労働については5割以上の率（同法37条1項但書）、③休日労働については3割5分以上の率（同法37条1項本文・2項、割増賃金令）とされている（第3章❻参照）。　　　　　　　（杉原弘康）

2 働き方改革に関する法改正

1 時間外労働の罰則付上限の設定

　従来は、36協定で定める時間外労働の時間数については、告示で限度時間が1か月45時間、1年間360時間等と定められていたが（平成10年労働省告示154号）、これら限度基準に強行的効力はなく、同基準に反する36協定は、行政指導を受けることはあっても、効力自体は有効と解されていた。臨時的な特別事情がある場合のために年間6か月の範囲内で告示による限度基準を超えた特別の時間外労働時間数を定める特別条項も許容され、特別条項による時間数については告示でも上限が基準化されていなかった。

　この点、平成30年6月成立の働き方改革関連法（平成30年法律71号）によって長時間労働の是正のための労基法改正が行われ、時間外労働の罰則付上限が初めて導入された。

　具体的には、36協定で定める時間外労働時間は、当該事業場の業務量、時間外労働の動向その他の事情を考慮して通常予見される時間外労働の範囲内において、「限度時間」を超えない時間に限るとされ（労基法36条3項）、この「限度時間」は1か月につき45時間、1年につき360時間と規定された（同条4項）。36協定においては、通常予見できない業務量の大幅な増加等に伴い、臨時に「限度時間」を超えた時間外労働の必要性がある場合について、1か月についての時間外労働及び休日労働の時間数（1か月100時間未満、複数月で1か月平均80時間以下）、並びに1年についての時間外労働の時間数（720時間以下）を定めることができるが、1か月45時間の限度時間を超えることができる月数は1年について6か月以内で、この月数を36協定に定めなければならない（同条5項）。

　36協定の原則的な限度時間、例外的な上限時間、時間外労働それ自体の上限の違反については、いずれも罰則が適用される（同法119条1号）。

2　割増率に関する中小事業主に対する適用猶予規定の廃止

　1か月の合計が60時間を超える時間外労働が行われた場合の60時間を超える時間外労働については5割以上の率が割増率と定められている（労基法37条1項但書）が、かかる規定は、当分の間、中小事業主の事業については適用しないとされていた（同法138条）。しかし、適用猶予規定は働き方改革関連法による労基法改正で廃止されることとなり、中小事業主の事業についても、施行日である令和5年4月1日以降、同法37条1項但書による特別割増率が適用されることとなる（第3章❻参照）。

3　高度プロフェッショナル制度

　働き方改革関連法によって高度プロフェッショナル制度が導入され、労使委員会が設置された事業場において、当該委員会がその委員の5分の4以上の多数による議決によって決議をし、かつ、使用者が当該決議を労働基準監督署長に届け出た場合には、対象労働者であって書面その他の方法によりその同意を得た者を当該事業場における対象業務に就かせたときは、労基法第4章の労働時間、休憩、休日の規定及び深夜割増賃金の規定は、対象労働者については適用しないこととされた（同法41条の2）。

　この制度の対象となる業務は、「高度の専門的知識等を必要とし、その性質上従事した時間と従事して得た成果との関連性が通常高くないと認められるもの」として労基則で定められる業務（労基則34条の2第3項）である（労基法41条の2第1項1号）。

　高度プロフェッショナル制度については、第4章❷2(1)カを参照されたい。
（杉原弘康）

3 解決までの流れ

1 労働者側との交渉

　労働者から未払残業代を請求された場合、使用者としては適切に資料を開示しつつ、労働者側と交渉し、合意にいたれば、合意を証する書面を取り交わし、後日の紛争の蒸し返しを防止するべきである。

2 労働審判

　交渉において合意にいたらなかった場合は、労働者から労働審判を申し立てられることが多い。労働審判は、原則として申立から40日以内に第1回期日が開かれることとなっており（労審規則13条）、第1回期日において事実審理が集中的に行われる。使用者としては、第1回期日に間に合うように適切な準備を行うことが肝要である。労働審判において双方が合意にいたった場合は、調停調書が作成され、合意にいたらなかった場合は、労働審判委員会によって労働審判がなされる。

3 訴訟手続

　労働審判に対し当事者のいずれか若しくは双方から異議申立がされた場合、当然に訴訟手続に移行し、労働審判申立書が訴状として取り扱われる。残業代請求事件における主要な争点の一つである労働時間の立証責任は労働者側にあるが、使用者には労働時間管理義務があるため、使用者側としては単に労働者の主張を否認するだけでは足りず、労働者の実労働時間を積極的に主張していく必要がある。

　紛争解決の実際については、第5章にて詳述する。　　　　　　（杉原弘康）

4　攻撃・防御方法の構造

1　請求原因

　労働者（原告）は、請求原因事実として、労働契約の締結、賃金の締日及び支払日、基礎賃金、時間外労働の実施（実労働時間）といった各事実の主張・立証責任を負っている。これらのうち実労働時間については、請求の対象となる各日について具体的な始業時刻及び終業時刻を特定して主張・立証をしなければならないため、主張・立証の対象は膨大となる。実務上は表計算ソフトを利用して主張の整理が行われている（第3章❶・第5章❹参照）。これら事実を争う場合、使用者としては、まずは、労働者によるこれらの主張に対し、理由を付して積極否認を行わなければならない。

2　使用者の抗弁

　請求原因に対する使用者（被告）の抗弁には、管理監督者等の労働時間規制の適用除外、変形労働時間制・フレックスタイム制・裁量労働制等の特殊な労働時間制度、固定残業代による支払（弁済の一種）、消滅時効などがあり、本書24頁【残業代紛争における攻撃・防御方法の構造】に列挙したとおり多種多様である。したがって、使用者の代理人としては、就業規則や給与明細等の資料、代表者・人事担当者からの聴取等により人事制度の全体像を把握し、抗弁の主張漏れがないよう留意する必要がある。

　上記のとおり、労働者が表計算ソフトを利用して基礎賃金や労働時間について具体的な主張を一通りしていることが通常であり、使用者が争点化しない限り労働者の主張がそのまま認められかねないため、使用者の代理人としては、抗弁の主張ばかりに気をとられることなく、請求原因に対する積極否認をすべき点がないかについても十分に検討する必要がある。

（中野智仁）

【残業代紛争における攻撃・防御方法の構造】

（佐々木宗啓ほか編著『類型別労働関係訴訟の実務』（青林書院、2017年）73頁以下を基に著者が作成）

【割増賃金請求の請求原因事実】（主請求に限る）

（あ）	労働契約の締結（労務提供と賃金支払の合意）
（い）	（あ）における賃金の締日及び支払日の定め
（う）	基礎賃金（賃金単価） ⇒争点となった場合には、基礎賃金の算定に必要な以下の事項にかかる事実 ①割増賃金の算定基礎額 　賃金費目、費目ごとの賃金額 ②1月の平均所定労働時間 　1日の所定労働時間、所定休日
（え）	時間外労働を示す具体的な事実（就労の開始・終了の各時刻） ⇒時間外労働、休日労働、深夜労働の各時間

【権利発生障害の全部抗弁】

- 労基法の労働時間規制が適用されない事業（労基法41条1号）
- 管理監督者（労基法41条2号）（Q12）
- 機密事務取扱者（労基法41条2号）
- 監視労働・断続的労働（労基法41条3号）
- 高度プロフェッショナル制度（労基法41条の2）

【権利発生障害の全部又は一部抗弁】

- 事業の種類による法定労働時間の例外（労基法40条1項）
- 変形労働時間制（労基法32条の2、同法32の4、同法32の5）（Q13）
- フレックスタイム制（労基法32条の3）（Q14）
- 事業外みなし労働時間（労基法38条の2）（Q15）
- 専門業務型裁量労働（労基法38条の3）（Q16）
- 企画業務型裁量労働（労基法38条の4）（Q16）
- 休日振替（Q17）

【権利消滅の全部又は一部抗弁】

- 残業代の弁済
※固定残業代の有効性が問題となる（Q18〜22）
- 相殺の合意（Q23）
- 残業代債権の放棄（Q24）
- 消滅時効（労基法115条）（Q25）
※「時効の更新」が再抗弁となる。

（野田侑希）

5 残業代紛争における実務上の中心的な争点

1 労働時間

　実務上ほぼ確実に争点となるといってもよいのが労働時間である。労働者の主張する始業時刻・終業時刻を認定できるかという事実論（立証論）、労働者の主張する勤務が労務の提供にあたるか（労働時間該当性）という法的評価論のいずれにおいても争点となることが多く、判例・裁判例が積み重ねられている（第3章❸・❹参照）。

2 固定残業代

　また、中小規模事業者においては、固定残業代による支払という抗弁の成否が争点となることも多い。この抗弁が認められない場合、使用者が既払いと認識していた残業代が既払いと認められなくなるうえ、使用者が固定残業代と認識していた支払額が基礎賃金に含まれ、多額の残業代が認められることとなるため、固定残業代は使用者に与える経済的影響が特に大きい争点である（第4章❸参照）。　　　　　　　　　　　　（中野智仁）

第3章

労働者が主張すべき事実と使用者の反論

　残業代紛争に対応するにあたっては、まずは労働者が主張・
立証すべき事実を正確に理解し、どの点を、どのように争って
いくのかを検討しなければならない。本章では、労働者が主張
すべき請求原因事実について、労働時間とその争い方を中心に
解説する。

1 ／ 労働者が主張すべき事実（請求原因事実）

1 訴訟物

　残業代請求と一口に言っても、賃金体系、所定労働時間数、既払いの範囲等によって、その法的性質は様々である。最もシンプルなケースは、所定労働時間が法定労働時間と一致しており、かつ、労基法の定めを超える割増賃金の定めがない企業において、時間外労働について一切の賃金が支払われていない場合である。この場合は、すべての時間外労働について、通常の労働時間の賃金に相当する部分（いわゆる100％部分）及び割増部分を請求することになる。100％部分の訴訟物は労働契約に基づく賃金請求権と考えられるが、同法37条1項に基づく賃金請求権も選択できるとする見解もある。割増部分の訴訟物については、労働契約に基づく賃金請求権とする見解と同法37条1項に基づく割増賃金請求権とする見解がある（佐々木79頁）。いずれの見解によっても請求原因事実は基本的に変わらないため、これ以上の深入りは避けることとするが、後説によるとしても、就業規則等に同法の定めと同様の割増賃金の定めが置かれている場合には、当該定め（すなわち労働契約）に基づく割増賃金請求権を訴訟物として選択することが可能になるであろう。

　これに対し、所定労働時間が法定労働時間を下回っている会社において、法内残業と法外残業が生じた場合、法内残業にかかる割増賃金の定めがないときは、法内残業については100％部分の請求のみ、法外残業については100％部分の請求及び割増部分の請求をなしうることとなる。他方、法内残業にかかる割増賃金の定めが労働契約・就業規則等にある場合、法内残業についても、100％部分に加えて、当該定めに基づく割増部分を請求できることとなる（訴訟物は労働契約に基づく割増賃金請求権）。

　さらに、使用者によって100％部分又は割増部分の一部が既に支払われている場合には、その部分に応じて訴訟物が異なることとなる。

このように、残業代請求の訴訟物は事案ごとに多様であり、多くの場合、法的根拠を異にする複数の訴訟物が併合されていることとなる。実際の請求原因事実の主張は、表計算ソフトを使用して請求全体を一括してなされることが多いが、労働者の代理人としては、その内実には種々の法的根拠に基づく請求が束ねられていることを意識して、必要な事実の主張に漏れがないよう留意する必要がある。また、使用者の代理人も同様の意識のもと、認否や反論に漏れがないよう留意する必要がある。特に、中小事業者においては、就業規則と実務運用（実際に支給している割増賃金の費目・金額）が一致しない、数度の改定を経て就業規則の各規定の整合性に疑問が生じているなど、請求の根拠を慎重に吟味すべきケースも見られるため、注意を要する。

以下においては、所定労働時間が法定労働時間と一致しており、かつ、労基法の定めを超える割増賃金の設定がない企業において、時間外労働について一切の賃金が支払われていない場合（最もシンプルなケース）を念頭に置いて論述を進めることとする。

2　請求原因の全体像

上記の最もシンプルなケースについて、100％部分及び割増部分の請求、付加金請求、並びに、遅延損害金請求がなされた場合の請求原因事実の概要は以下のとおりである（以下の論述は、佐々木73頁・80頁に多くをよっている）。

　①労働契約の締結

　②賃金の締日及び支払日に関する事実

　③基礎賃金に関する事実

　④時間外労働等の実施

　⑤遅延損害金の率を基礎付ける事実

　⑥付加金の請求

上記①から⑥は厳密な意味での請求原因事実そのものではなく、整理のためにある程度のかたまりごとに関連する事実をまとめたものである。また、①から④は残業代請求に関する事実であり、⑤は遅延損害金請求、⑥

は付加金請求のための事実である。

3　労働契約の締結（請求原因事実①）

　労働契約の要素は、労務の提供（労働への従事）とその対価としての報酬（賃金）の支払である（民法623条、労契法6条）ため、この2点を要素とする契約の締結を主張・立証する必要がある。

　通常の場合は、労働契約書（これがない場合には労働条件通知書や給与明細書等）に基づく簡潔な主張・立証で足りるが、これらの書証がない場合や労働者性に争いがある場合には、業務内容や使用者の指揮命令の内容等を具体的に主張・立証することとなる。

4　賃金の締日及び支払日に関する事実（請求原因事実②）

　賃金は、毎月1回以上一定の期日を定めて支払う必要があり（労基法24条2項）、多くの企業は締日を決めたうえで毎月1回の支払をしている。そのため、請求にかかる残業代の弁済期が到来していることを示すために、締日と支払日の合意を主張・立証する必要がある。通常はこれらを定める労働契約又は就業規則の定めに基づく主張・立証をすることとなる。

5　基礎賃金に関する事実（請求原因事実③）

　残業代の金額を算出するために必須の事実として、基礎賃金（労基法37条5項の「割増賃金の基礎となる賃金」）の金額を主張・立証する必要がある。実務上は、表計算ソフトを用いて、基礎賃金に含まれる各種賃金の費目及び金額を主張することが一般的であり、使用者がこの主張を認めれば、基礎賃金の額についていわば権利自白が成立することとなる。これに対し、使用者が賃金費目の存在又は金額を争う場合には、労働者は、当該賃金費目の存在及び金額の根拠となる労働契約・就業規則等の定め、個別合意、辞令の発令などといった具体的事実を主張・立証すべきこととなる。

　また、賃金費目の存在及び金額に争いがない場合であっても、当該費目が基礎賃金に含まれるか否かが法律上の論点となることがある（第3章❺

2参照)。

6　時間外労働等の実施（請求原因事実④）

　労働契約においては、労務の提供があって初めてその対価である賃金請求権や割増賃金請求権が発生するため（ノーワーク・ノーペイの原則）、残業代請求事件においては、割増賃金の対象となる労働（時間外労働等）を実施したことが請求原因事実となる。

　時間外労働等の実施の事実として、労働者は各日の実労働時間（労基法32条における労働時間と同義である）を主張・立証しなければならない。より具体的には、各日の始業時刻、終業時刻、休憩時間の始期及び終期を特定したうえで、時間外労働・休日労働・深夜労働に該当する時間数を特定する必要がある。この主張・立証には、表計算ソフトが用いられることが一般的である。

7　遅延損害金の率を基礎付ける事実（請求原因事実⑤）

　遅延損害金として、現行民法に基づく法定利率（年率3％を原則とする変動制、民法404条）を請求する場合、追加を要する請求原因事実は特にない（同法419条1項）。

　法定利率を超える約定利率を請求する場合、労使間における当該約定にかかる合意を請求原因事実として主張・立証する必要がある。

　賃確法6条1項に基づく利率（年14.6％、同法施行令1条）を請求する場合、日付を特定して退職の事実を請求原因事実として主張・立証する必要がある。

　なお、現行民法の施行日（令和2年4月1日）以前に支払日が到来していた残業代請求権にかかる遅延損害金については、改正前の法令の例によることとなる（民法改正法（平成29年法律44号）附則17条3項）。この遅延損害金として商事法定利息（年率6％、改正前の商法514条）を請求するには、使用者が会社であること（会社法5条）や商人であること（商法503条）を主張・立証する必要がある。

8 付加金の請求（請求原因事実⑥）

　付加金請求の要件は、（ア）労基法37条違反、（イ）労働者の請求、（ウ）（イ）が（ア）から5年（経過措置により当分の間3年。令和2年4月1日以前に支払日が到来していた残業代に係る付加金については2年、労基法改正法（令和2年法律13号）附則2条）以内にされたことである。

　このうち、（ア）については、前記の請求原因事実①から④と重複する。また、（ウ）については、時的因子を特定して（イ）を主張すれば足りることとなる。したがって、付加金請求の請求原因事実として主張・立証を要する事実は上記（イ）のみであり、通常は請求の趣旨及び請求の理由において付加金を請求する旨を明らかにすれば足りるであろう。（中野智仁）

2 / 想定される使用者の主な反論

　残業代請求を争う使用者としては、労働者の請求原因事実の主張に対し、請求原因事実を否認し、抗弁事実を主張することとなる。本項においては請求原因事実の否認という形で問題となる論点を取り上げることとする（抗弁事実は第4章において取り上げる）。

1　労働時間について

　請求原因事実のうち労務の提供（労働時間）は、労働者が労務の提供を行ったと主張する時間が労働時間にあたるかという評価問題としても、実際に当該時間に労務を提供していたかという事実問題としても、争われることが多く、論点も多岐にわたるため、本章❸及び❹において詳論する。

　評価問題については、まず残業代請求事件における労働時間とは何かという根本的な問題がある。この点については、「労働者が使用者の指揮命令下に置かれている時間」という三菱重工業長崎造船所事件（最判平成12年3月9日民集54巻3号801頁）による定義を出発点として、労働時間該当性の判断方法について、その後の判例・裁判例において種々の判断が積み重ねられるとともに、それらの分析を踏まえた学説においても様々な見解が唱えられており、古典的かつなお議論の余地のある論点である。また、この論点を基礎として、労働時間の始期・終期、残業禁止命令・残業承認制、不活動時間（手待時間・仮眠時間など）の労働時間該当性といった種々の論点が点在している（Q2・Q3・Q4）。

　他方、事実問題については、労働者が一応の主張・立証を行った場合には、使用者は労働時間管理義務を負うことなどを背景として、積極的に反論・反証を行わないと労働者の主張どおりの事実が認定されることになりかねず、事実上立証責任が転換されているに近い状況にある（本章❹参照）。そして、裁判例においては、タイムカード等の客観的資料がある場

合とそうでない場合について、それぞれ判断手法や判断傾向が概ね定まりつつある（Q5・Q6・Q7）。

就労環境が多種多様であるとともに、労働時間管理が十分になされていないことがまま見られる中小企業の事案においては、労働時間が争点になることが極めて多く、また、労働者と使用者の間で主張の隔たりが大きくなりがちであるため、労働時間は重要論点の一つである。

2 　その他の論点について

賃金単価、割増率、遅延損害金、付加金といった主として残業代全般の計算に関係する請求原因事実が争われることもある。特に、賃金単価については、中小企業においては、就業規則と実務運用（実際に支給している割増賃金の費目・金額）が一致しない、数度の改定を経て就業規則の各規定の整合性に疑問が生じているなど、賃金費目の存在・金額や、これが基礎賃金に含まれるべき性質を有しているか否かが争点となるケースがまま見られる。これらについては本章❺以下において取り上げることとする。

他に、そもそも残業代請求をしている原告が労働者にあたるか（原告との間の契約が労働契約にあたるか）が争点になる場合もある（Q1）。

3 　抗弁を主張する事案における留意点

事案によっては、使用者は、管理監督者、裁量労働、固定残業代による支払などといった抗弁の主張によって残業代請求が全面的に棄却されるべきことが明らかであると考えていることもある。しかしながら、残業代請求における抗弁の多くには規範的要素が組み込まれており、裁判所が厳格な判断基準を採用している論点も多いうえ、特に中小企業においては、制度設計や導入・運用の過程あるいは制度の理解に不十分な点があって、使用者の期待に反して抗弁が認められないケースも少なくない。

そのため、使用者の代理人としては、抗弁を主張する事案であっても、請求原因事実の認否を厳密に検討し、否認すべき事実は的確に否認し、法的評価を争うべき論点は的確に争うことによって、なすべき争点形成に漏れがないよう心がけなければならない。

(中野智仁)

Q1 労基法上の労働者ではない

①当社の下請けとして現場作業を委託している職人から残業代請求を
受けましたが、これが認められることはあるのでしょうか。

②当社の取締役から残業代請求を受けましたが、これが認められるこ
とはあるのでしょうか。

A ①個人事業者や②取締役であっても、労基法9条の「労働者」に該
当する場合には、同法に基づく残業代請求の主体となる。

「労働者」に該当するか否かについては、裁判実務上、「使用従属性」(「指
揮監督下の労働」と「報酬の労務対償性」を包括する概念)の有無によっ
て判断されており、その判断においては、(ⅰ)具体的な仕事の依頼、業
務従事の指示等に対する許諾の自由の有無、(ⅱ)業務遂行上の指揮命令
の有無、(ⅲ)勤務場所・勤務時間に関する拘束性の有無、(ⅳ)代替性の
有無等、(ⅴ)報酬の算定・支払の方法、(ⅵ)事業者性の有無・程度に関
わる事項、(ⅶ)専属性の程度等が考慮される。

解説

① 労基法上の「労働者」とは

労基法は、労働者の労働条件の最低基準を定める法律であり(同法1条、
13条)、同法の定める労働時間規制等による保護の対象は同法にいう「労
働者」に該当する者のみである。同法9条は、労働者を「事業又は事務所
……に使用される者で、賃金を支払われる者」と定義しているため、同法
上の「労働者」に該当するためには、(ア)事業に「使用」される者であ
り(指揮監督下の労働にあたること)、かつ、(イ)「賃金」を支払われる
者であること(報酬の労務対償性があること)を要する。

しかしながら、現実問題としては、指揮監督の程度・態様は様々である
うえ、報酬の性格も不明確であることが多く、上記(ア)(イ)の要件を

個別に検討しても労働者であるか否かを判断し難いことが多い。この点について、昭和60年12月19日付労働基準法研究会報告（労判465号70頁）は、上記（ア）（イ）の要件該当性を個別に検討する枠組みをとらず、これらの要件を包括する「使用従属性」の有無という判断基準を立てたうえ、その考慮要素として下記②の諸要素を提示した。裁判実務においても、具体的な事案に応じて、これらの諸要素を勘案して、労働者性の有無が判断されている。

② 労働者性の判断基準（考慮要素）

　（ア）「指揮監督下の労働」については、（ⅰ）具体的な仕事の依頼、業務従事の指示等に対する諾否の自由の有無（諾否の自由がないことが指揮監督関係を推認させる積極要素となる）、（ⅱ）具体的な業務遂行に関する指揮命令の有無（業務内容・遂行方法について具体的指揮命令を受けていることが指揮監督関係を推認させる積極要素となる）、（ⅲ）勤務場所・勤務時間に関する拘束性の有無（拘束があり、それが業務の性質上当然に生ずるものではなく、使用者の指揮命令によって生ずるものであることが指揮監督関係を推認させる積極要素となる）、（ⅳ）代替性の有無（本人に代わって他の者が労務を提供すること、あるいは補助者を使うことが禁止されていることが指揮監督関係を推認させる積極要素となる）等に照らして判断される。（イ）「報酬の労務対償性」については、（ⅴ）報酬の算定・支払の方法から、例えば、時間給を基礎に計算されるなど業務の結果による較差が少ない、欠勤した場合には報酬が控除される、残業した場合には手当が支給されるというように、報酬が一定時間業務を提供したことの対価と判断される場合には使用従属性を補強する。上記（ア）（イ）の観点のみでは判断できない場合には、（ウ）労働者性の判断を補強する要素として、（ⅵ）業務遂行者の事業者性の有無・程度に関わる事項（機械・器具の負担関係、報酬の額、損害に対する責任、商号使用の有無等）、（ⅶ）専属性の程度等が考慮される。

③ 個人事業者との区別が問題となる場合（Q1①のケース）

（1）問題の所在

　会社との間で委任、請負、業務委託等の契約を締結して業務を遂行する者（個人事業者）については、その労働者性がしばしば問題となる。判例・裁判例においても、傭車運転手、一人親方の大工、映画製作スタッフ、吹奏楽団の楽団員、証券会社・保険会社の外務員等の労働者性が問題とされてきた。

（2）労働者性の判断

　労働者性の有無は、契約書の形式（文言）によって決められるのではなく、上記②の判断基準に従い客観的に判断される。そのため、使用者においては、委任、請負、業務委託といった契約書の形式（文言）にとどまらず、②の判断基準を踏まえ、労働者性を否定する方向に働く事実を積極的に主張・立証しなければならない。

　なお、労働者性が契約書の形式（文言）によって決められるのではないとはいっても、契約書の形式（文言）は契約内容についての当事者の意思を認定するための重要な事実であることからすれば、労働者性の判断においては、採用された形式（雇用、委任、請負、業務委託等）及びこれを採用するにいたった経緯等も補強要素としてあわせて考慮されることになる（白石3頁）。したがって、そのような事実関係についても、あわせて主張・立証することを検討すべきである。

　この類型の判例として、自己の所有するトラックを持ち込んで特定の会社の製品の運送業務に従事していた傭車運転手について労働者性を否定した横浜南労基署長事件・最判平成8年11月28日集民180号857頁がある。この判例は、事業用の資産を所有し、自己の危険と計算のもとに運送業務に従事をしていた点で一定の事業者性を有する者について、その事業者性を減殺して労働者性を積極的に肯定させるような事情があるかどうかという観点から検討を進めており、使用者が業務遂行者の事業者性について主張・立証を行うことの有用性を示している。

④ 経営者との区別が問題となる場合（Q1②のケース）

（1）問題の所在

　取締役は会社とは委任関係にあり（会社法330条）、会社の業務執行に関する意思決定を行い、又は自ら業務執行にあたる立場にある。しかし、もともと従業員として雇用されていた者が取締役に就任し両者を兼務するにいたった場合（使用人兼務取締役）や、取締役とは名ばかりで専ら従業員の業務を行っている場合もあり、当該取締役の労働者性が問題となる。

（2）労働者性の判断

　基本的には上記②の判断基準に照らして個別具体的に判断されるが、特にこの類型の裁判例においては、（a）法令・定款上の執行権限の有無、（b）取締役としての業務遂行の有無、（c）代表取締役からの指揮監督の有無、（d）時間的・場所的拘束の有無（勤怠管理の対象とされていれば労働者性を肯定する要素となる）、（e）提供した役務の内容（他の従業員と同様の業務内容に従事していた場合には労働者性を肯定する要素となる）、（f）取締役に就任した経緯（従業員から取締役に就任するにあたり退職金支給・退職届提出等の退職に伴う手続がとられた場合や、設立時に中心的な役割を果たした設立時からの取締役である場合には、労働者性を否定する要素となる）、（g）報酬の性質や額（報酬について賃金としての決算・税務処理がされていたり、他の従業員と比べて高額といえたりしなければ、労働者性を肯定する要素となる）、（h）社会保険上の取扱い、（i）当事者の認識等の要素が考慮されていると分析されている（下田敦史「『労働者』性の判断基準—取締役の『労働者』性について—」判タ1212号34頁）。使用者としては、取締役であることを主張・立証するのみならず、上記の考慮要素も意識しながら、労働者性を否定する事実関係を積極的に主張・立証する必要がある。

（3）賃金額の認定

　取締役の労働者性が肯定された場合、取締役としての報酬と労働者としての賃金をどのように区別すべきかという問題がある。

全くの名目的な取締役にすぎないと認定される場合、報酬の全額が賃金となる。他方、両者の地位を併有する使用人兼務取締役であると認定される場合には、税務上及び雇用保険上、報酬を賃金として処理しているときは、基本的には全額が労務提供の対価である賃金にあたり、取締役としての報酬はないと解される。これに対し、全額を取締役としての報酬として処理しているときは、賃金部分を算定することは困難だが、取締役就任直前の賃金額が労働者としての賃金であり、これに上乗せした額が取締役の報酬と認定できる場合が多いとされる（佐々木17頁）。

　使用者としては、取締役に労働者性が認められる場合に備えて、報酬には取締役としての報酬部分が含まれているとの主張をすべきこととなる。訴訟実務においては、労働者性を否定する主張・立証に注力するあまり、取締役の報酬部分の額に関する充実した主張がなされない場合も少なくないとの指摘もされているが（白石19頁）、この点は残業代の金額にも大きく影響を与えるため、主張・立証が欠けることのないように注意すべきである。

（野田侑希）

3 労働時間の否認①（労働時間該当性）

1　労働時間該当性に関する反論の要件事実上の位置付け

　本章❶のとおり、具体的な労働時間（各日において何時何分から何時何分まで労働したか）は、労働者が主張・立証すべき請求原因事実である。もっとも、実際の訴訟手続や労働審判手続においては、労働者からは、いわゆる「きょうとソフト」等の表計算ソフトを利用して、各日の始業・終業時刻及び休憩時間を特定する形式で労働時間の主張がなされることが通例であるため（第5章❹1参照）、労働者が主張する労働時間の中に労基法上の労働時間に該当しない時間が含まれる場合、使用者において、理由を付して具体的に指摘することによって、争点を明確化する必要がある。実務上は、労働時間に該当しない部分を一般的に取り上げ、その理由を主張したうえで、表計算ソフトを利用して、各日について使用者が認める始業・終業時刻及び休憩時間を主張し、使用者が認める各日の労働時間を特定しなければならない。

　このように、労働時間該当性に関する使用者の反論は、要件事実上は請求原因事実に対する積極否認という位置付けではあるが、使用者が争点化しない限りこの論点が顕在化しないため、使用者の代理人としては積極的かつ具体的に主張を展開することを要する。

2　労働時間の定義及び判断基準

　本章❶のとおり、通常の残業代請求において請求原因事実となる労働時間とは、労基法32条における労働時間のことであり、これは労働者が実際に労働した時間（実労働時間）を指す。

　この労働時間について、「労働者が使用者の指揮命令下に置かれている時間」と定義したうえで、「労働時間に該当するか否かは、労働者の行為が使用者の指揮命令下に置かれたものと評価することができるか否かによ

り客観的に定まるものであって、労働契約、就業規則、労働協約等の定めのいかんにより決定されるべきものではないと解するのが相当である」とするのが、三菱重工業長崎造船所事件・最判平成12年3月9日民集54巻3号801頁以来の確立した判例法理である。

　もっとも、「労働者の行為が使用者の指揮命令下に置かれたものと評価することができるか否か」の判断基準について、最高裁は、①就業を命じられた業務の準備行為等を事業所内において行うことを使用者から義務付けられ、又はこれを余儀なくされたときは、当該行為は、特段の事情のない限り、使用者の指揮命令下に置かれたものと評価することができ、当該行為に要した時間は、それが社会通念上必要と認められるものである限り、労基法上の労働時間に該当する（前掲三菱重工業長崎造船所事件）、②ある時間において労働契約上の役務の提供が義務付けられていると評価される場合には、労働からの解放が保障されているとはいえず、労働者は使用者の指揮命令下に置かれているというのが相当である（大星ビル管理事件・最判平成14年2月28日民集56巻2号361頁）といった判断例を示しているにとどまり、これらにあたらない場合の判断例や一般的・汎用的な判断基準は示されていない。

　下級審においては、これらの最高裁の判断に引きつけて、主として義務付けの有無という観点から、種々の時間（始業前の準備時間、終業後の後片付け時間、待機時間等）の労働時間該当性が判断されている（**Q2**）。しかし、寮に滞在し、顧客から依頼があった場合には可能な限り迅速に現場に赴いて実作業（ガス配管工事）に従事することを義務付けられていた時間について労働時間該当性を否定した大道工業事件・東京地判平成20年3月27日労判964号25頁など、義務付けの有無という観点からは説明しきれないと思われる裁判例も見られる（**Q4**）。そのため、近時の裁判例については、実質的には、上記最高裁の判断そのままではなく、①指揮命令ないし使用者の関与の有無・程度、②業務の準備行為や労働契約上の役務提供といった業務性・職務性の有無・程度等を考慮して労働時間該当性が判断されていると分析する見解（荒木205頁）も有力に主張されている。

　また、従来の判例・裁判例は、事業場において労働の大半を行い、使用

者からの指揮命令もそこで受けるという古典的な労働者や、自動車運転手・マンション管理人等といった比較的類型化しやすい労働者について判断された例が多い。しかし、近時、通信の発達やテレワークの浸透等の影響により、場所の面においても、指揮命令の形式においても、就業環境の多様化・柔軟化が進みつつある。さらに、もともと小規模事業者の就業環境は、業種、業務内容、さらには企業理念や企業風土等に応じて、大規模事業者の就業環境と比較して、一層多様性の幅が広い。これらを踏まえ、小規模事業者の代理人としては、まずは残業代請求をしている労働者の就労環境を、そのような就労環境となっている理由や背景事情を含めて具体的に把握したうえで、近時の裁判例や学説の見解（指揮命令ないし使用者の関与の有無・程度、及び、業務性・職務性の有無・程度等の考慮）を踏まえた分析を行い、必要に応じて上記2つの最高裁判例の枠組みに合わせて再構成したうえで具体的に主張・立証することが肝要である。

3　労働時間該当性が問題となる典型例

　労働時間該当性が問題となる場面は多岐にわたるが、始業時刻・終業時刻及び不活動時間（手待時間、仮眠時間など）については、上記2のとおり、判例は義務付けの有無に着目する判断を示しており、この点が争点となった裁判例も数多く存在する（Q2・Q4）。

　また、使用者が把握しないままに時間外労働がなされることを防ぐことによって労働時間をコントロールしようとする制度である残業禁止命令や残業承認制は、これに反して残業をした時間が労働時間に該当するかという点において労働時間該当性の問題の一類型である。裁判例においては、単に残業禁止命令を発出したり、残業承認制を定める就業規則を設けたりするだけにとどまらず、これらに違反する労働者に業務の停止を指示する等の具体的措置をとっていた場合には、労働時間該当性が否定されている一方で、残業禁止命令や残業承認制に反する労働を使用者が黙認・許容していたり、これらを防ぐ具体的措置が取られていなかったりする場合については、労働時間該当性が肯定されている（Q3）。

　これらのほか、労働時間該当性が問題となる場面の典型例としては、以

下のようなものがあげられる。

　所定労働時間外に行われる研修・教育活動や行事への参加時間は、参加が義務的で会社の業務としての性格が強い場合には労働時間になると解されている（菅野500頁、NTT西日本ほか（全社員販売等）事件・大阪地判平成22年4月23日労判1009号31頁、オリエンタルモーター事件・東京高判平成25年11月21日労判1086号52頁など）。

　通勤時間は、通常の就労場所への通勤、用務先・出張先への直行・直帰のいずれであっても、労働者の労務提供義務という持参債務を履行するための準備行為に要する時間であり、労働時間には該当しない。他方、用務先と別の用務先との間の移動時間は、業務から離脱して自由利用することが可能であったという特段の事情がない限り、労働時間にあたると解されている。また、移動の目的が物品の運搬であり、移動中その物品の監視をしなければならないなど、移動そのものが業務性を有する場合には、当該移動に要する時間は労働時間にあたると解されている（佐々木106頁）。

　使用者の指揮監督が及ばない私的な生活の場である自宅で行われる持ち帰り残業は、原則として指揮命令下の労働とは認められず、使用者から自宅における業務の実施を指示されて労働者がこれを承諾し、私生活上の行為と峻別して当該業務を実施したような例外的な場合に限って、これに要した時間が労働時間として認められると解されている（白石66頁）。

（中野智仁）

Q2 労働時間の始期と終期

　始業前に行う朝礼・準備や、終業後に行う後片付け等に要する時間は、労働時間に該当するのでしょうか。

A　労働者が当該作業を事業所内で行うことを使用者から義務付けられ、又はこれを余儀なくされた場合には、原則として、社会通念上必要と認められる範囲で労働時間に該当する。

解説

① 基本的な考え方

　労働時間とは「労働者が使用者の指揮命令下に置かれている時間」をいい、労働時間にあたるか否かの判断は、労働者の行為が使用者の指揮命令下に置かれたものと評価できるか否かにより客観的になされる。

　始業前・終業後の行為であっても、労働者が準備行為等を事業所内において行うことを使用者から義務付けられ、又はこれを余儀なくされたときは、当該行為は、特段の事情のない限り、使用者の指揮命令下に置かれていたものと評価され、当該行為に要した時間は、それが社会通念上必要と認められる限り、労働時間に該当する（三菱重工業長崎造船所事件・最判平成12年3月9日民集54巻3号801頁）。

② 労働時間の始期・終期に関する判例・裁判例

（1）労働時間該当性を肯定したもの

　ア　前掲三菱重工業長崎造船所事件

　造船所の造船部門等の作業者につき、作業衣等の装着及び更衣所から体操場までの移動は、実作業にあたり作業衣等の装着が義務付けられ、それを事務所内の所定の更衣所等において行うこととされていたことから、使用者の指揮命令下に置かれていたものと評価できるとして、当該行為に要

する時間の労働時間性を肯定した。

 イ ビル代行（宿直勤務）事件・東京高判平成17年7月20日労判899
  号13頁

 警備員につき、朝礼の出席及び制服への更衣を始業時刻前に行うことが
義務付けられていたとして、当該行為に要する時間の労働時間該当性を肯
定した（第一審判決（東京地判平成17年2月25日労判893号113頁）をそ
のまま引用した）。

 ウ 総設事件・東京地判平成20年2月22日労判966号51頁

 配管工につき、所定始業時刻前の作業道具や資材の準備及び車両への積
込み作業、所定終業時刻後の作業道具や資材の後片付け及び日報作成作業
について、使用者の明示又は黙示の指示により業務に従事していたものと
して、これらの作業に要する時間の労働時間該当性を肯定した。

（2）労働時間該当性を否定したもの

 ア 三菱重工業長崎造船所事件・最判平成12年3月9日集民197号75頁

 造船所の造船部門等の作業者につき、実作業の終業後の事務所内の施設
における洗身等について、実作業の終了後に事務所内の施設において洗身
等を行うことは義務付けられてはいなかったこと、及び、特に洗身等をし
なければ通勤が著しく困難であるとまではいえなかったことから、使用者
の指揮命令下に置かれていたものと評価できないとして、当該行為に要す
る時間の労働時間該当性を否定した。

 イ オリエンタルモーター事件・東京高判平成25年11月21日労判
  1086号52頁

 営業部に配属された実習中の従業員につき、早朝出勤しての掃除、着替
え、朝礼及び朝のラジオ体操について、朝のラジオ体操・朝礼への参加は
任意であり、掃除や着替えが義務付けられていたことを認めるに足りる証
拠はないとして、各行為に要する時間の労働時間該当性を否定した。

 ウ 日本総業事件・東京地判平成28年9月16日労判1168号99頁

 警備員につき、朝礼への出席は任意であり、警備服への着替えや更衣所
等への移動も被告の指揮監督下でされたとは認めるに足りる事情はないと

して、当該行為に要する時間の労働時間該当性を否定した。

③ 始業前・終業後の行為を「余儀なくされた」場合

　労働時間該当性の判断においては、始業前・終業後の行為を事業所内において行うことを使用者から義務付けられ、又はこれを余儀なくされているかがポイントとなる。②にあげた裁判例は、当該行為を使用者から義務付けられていたか否かにより労働時間該当性を判断した例が多いが、三菱重工業長崎造船所事件・最判平成12年3月9日民集54巻3号801頁の判旨に照らせば、当該行為を義務付けられたときのみならず、これを「余儀なくされた」ときも労働時間該当性が肯定される。「余儀なくされた」については、使用者による明示又は黙示の義務付けがあったとまで評価することは困難であるものの、諸般の状況等からして労働者が当該準備行為等を行わざるを得なくされているような場合を指すと解されている（最高裁判所判例解説民事篇平成12年度（上）206頁）。例えば、始業前の朝礼・終業後の清掃について、形式的には使用者が参加を義務付けていなかったとしても、その参加率を人事考課において考慮している等という事情があれば、参加を余儀なくされたものとして、当該時間が労働時間として認定される可能性があるので注意が必要である。　　　　　　　　　　（野田侑希）

Q3 残業禁止命令と残業承認制

①使用者が残業禁止命令を出しておけば、労働者がこれに反して残業をした時間は労働時間にあたらないといえるのでしょうか。

②就業規則上、事前に所属長の承認を得た場合のみ残業を認める旨の規定を設けていれば、労働者が所属長の承認を得ずに残業をした時間は、労働時間にあたらないといえるのでしょうか。

A ①使用者が明示的に残業禁止命令を出すだけでなく、この命令に違反する労働者に対し、業務の停止を指示する等の具体的な措置を講じていれば、当該残業時間は労働時間にあたらないと考えられる。

②残業承認制を定める規定を設けるだけでなく、承認を得ずに残業する労働者に対し、業務の停止を指示する等の具体的措置を講じ、残業承認制を厳格に運用していれば、当該残業時間は労働時間にあたらないと考えられる。

解説

1 残業禁止命令

使用者の明示的な残業禁止命令に反して労働者が残業を行い、かつ、使用者としてこれを認識・許容していない場合には、当該残業は使用者の関与を欠くため「労働者が使用者の指揮命令下に置かれていた」と評価することができず、労働時間に算入されない（水町648頁）。この点に関し、神代学園ミューズ音楽院事件・東京高判平成17年3月30日労判905号72頁は、使用者が、朝礼において、36協定が締結されていないことを理由として、労働者に対し、時間外労働を禁止し、残務がある場合には役職者が引き継ぐべきであるとの指示・命令を行い、その後もこの業務命令を繰り返し徹底していた事案について、「使用者の明示の残業禁止の業務命令に反して、労働者が時間外又は深夜にわたり業務を行ったとしても、これ

を賃金算定の対象となる労働時間と解することはできない」と判示した。

　他方、使用者が労働者の残業禁止命令に反する残業を認識しつつ、これを黙認・許容して何らの措置も講じていないときには、当該残業時間は、労働時間にあたると判断される可能性がある。この点に関して、使用者が労働者に対し残業禁止の方針を示し、書面等により周知していた場合でも、労働者が所定終業時刻以降に業務に従事することがないようにするための具体的な措置をとっていないことを理由として、残業禁止の方針を示したことのみによって所定終業時刻以降の労務提供のすべてが使用者の明示の残業禁止の業務指示に反したもので、使用者の明示又は黙示の指示による労務提供にあたらないということはできない旨を判示した裁判例（丙川商会事件・東京地判平成26年1月8日労判1095号81頁）がある。

　したがって、残業禁止命令に反する残業時間が労働時間にあたることを防ぐためには、これを黙認せず、労働者に対し業務の停止を指示する等の具体的な措置を講じる必要がある。

② 残業承認制

　就業規則において、事前に承認を得た場合にのみ残業を認める制度を定めたとしても、当該規定は不当な時間外手当の支払がされないようにするための工夫を定めたものにすぎず、事前の承認が行われていないときには時間外手当の請求権が失われる旨を意味する規定とは解されない（昭和観光事件・大阪地判平成18年10月6日労判930号43頁）。そして、労働者が承認を受けずに残業していることを使用者が認識しつつ、これを黙認・許容する場合には、当該残業時間は、「労働者が使用者の指揮命令下に置かれていた」ものと評価され、労働時間にあたることとなる。

　この点に関し、アールエフ事件・長野地判平成24年12月21日労判1071号26頁は、「現に原告らが大阪店で時間外に被告の業務を業務上の必要性に基づいて行っている以上、労働申請とその許可が必要であるとの被告の運用にかかわらず、原告らに対して、業務を止め退出するように指導したにもかかわらず、あえてそれに反して原告らが労働を継続したという事実がない限り、原告らの上記時間外に該当する時間の労働が被告の指揮命令

下に置かれていることは明らかである」と判示し、承認のない残業時間を労働時間と認めた。

　使用者としては、承認のない残業時間が労働時間にあたると判断されることを防ぐためには、残業承認制を定めるのみならず、承認のない残業を黙認せず、労働者に対し業務の停止を命じる等の具体的措置を講じて、残業承認制を厳格に運用する必要があると考えられる（残業承認制が厳格に運用されていたことを踏まえ、使用者の労働者に対する時間外勤務命令書により時間外労働時間を認定した裁判例としてヒロセ電機事件・東京地判平成25年5月22日労判1095号63頁）。

　なお、クロスインデックス事件・東京地判平成30年3月28日労経速2357号14頁は、残業承認制のもと、労働者が事前の承認を得ないで行った残業時間について、使用者が労働者に対して所定労働時間内にその業務を終了させることが困難な量の業務を行わせ、原告（労働者）の時間外労働が常態化していたことを理由として、使用者の指揮命令下に置かれていたと認め、労働時間にあたると判断した。

　残業承認制を機能させるためには、業務量を調整するなどして、残業承認制が形骸化することのないように留意する必要がある。　　　（野田侑希）

Q4 手待時間・仮眠時間など

　手待時間・仮眠時間といった実作業に従事していない時間（不活動時間）が労働時間にあたるか否かは、どのように判断されるのでしょうか。

A　判例は、不活動時間全般について、①労働者が労働から離れることを保障されている場合には、労働者が使用者の指揮命令下に置かれていないものとして、労基法上の労働時間にあたらないが、②そのような保障がなされていない場合には、労基法上の労働時間にあたるとしている。そして、当該時間において労働契約上の役務の提供が義務付けられていると評価される場合には、労働からの解放が保障されているとはいえず、労働者は使用者の指揮命令下に置かれているものとして、当該時間は労働時間にあたるものとしている。

　もっとも、不活動時間は幅広い概念であり、類型も事案も多岐にわたるため、判例のあげる基準以外の要素も考慮しているのではないかと思われる裁判例も散見される。

解説

1 問題の所在

　店員が店舗で顧客の来店を待つ時間、マンションの管理員が住人の来訪等に備えて管理室で待つ時間、路線バスの運転手が終点に到着してから次の発車時刻までの時間、宿直担当の医師が宿直室に待機する時間など、業務に関連するが実作業はしていない時間が存在する。不活動時間と総称されるこれらの時間の労働時間該当性が争点となることが多い。

2 判例の規範

　大林ファシリティーズ事件・最判平成19年10月19日民集61巻7号2555

頁は、不活動時間の労働時間該当性について、以下の判断を示した（仮眠時間に関する大星ビル管理事件・最判平成14年2月28日民集56巻2号361頁の規範を不活動時間全般に及ぼした）。

①不活動時間が労働時間に該当するか否かは、労働者が不活動時間において使用者の指揮命令下に置かれていたものと評価することができるか否かにより客観的に定まる（三菱重工業長崎造船所事件・最判平成12年3月9日民集54巻3号801頁が参照されている）。

②不活動時間において、労働者が実作業に従事していないというだけでは、使用者の指揮命令下から離脱しているということはできず、当該時間に労働者が労働から離れることを保障されていて初めて、労働者が使用者の指揮命令下に置かれていないものと評価することができる。したがって、不活動時間であっても労働からの解放が保障されていない場合には労基法上の労働時間にあたる。

③当該時間において労働契約上の役務の提供が義務付けられていると評価される場合には、労働からの解放が保障されているとはいえず、労働者は使用者の指揮命令下に置かれていることとなる。

3 不活動時間の諸類型

（1）仮眠時間

前掲大星ビル管理事件は、仮眠時間の労働時間該当性について判断を示したものである。同判決の事案についての判断の中では、実作業に従事する必要が生じることが皆無に等しいなど実質的に労働契約に基づく義務付けがされていないと認めることができるような事情がある場合には、当該仮眠時間は労働時間にあたらないとする例外則が示されていた。

ビル代行（宿直勤務）事件・東京高判平成17年7月20日労判899号13頁は、仮眠時間中に実作業に従事したとも、これが予定されていたともいえない事案について、この例外則に基づき、「本件の仮眠時間については、実作業への従事の必要が生じることが皆無に等しいなど実質的に警備員として相当の対応をすべき義務付けがされていないと認めることができるような事情がある」として、ビル警備員（複数人態勢）の仮眠時間について

労働時間該当性を否定した。

（2）住み込み勤務の管理員の不活動時間

　前掲大林ファシリティーズ事件は、当該事案についての判断としては、所定労働時間の前後に住民等の要望に対応すべく管理員室の隣にある居室に待機せざるをえない状態に置かれていた時間は労働時間にあたるとした一方、所定労働時間内といえども通院や犬の散歩を行った時間は労働時間にあたらないとした。

（3）作業を行うための待機時間（手待時間）

　手待時間とは、一般的に、店員やタクシー運転手の客待ち時間、コールセンターにおける受電待ちの時間、役員付き運転手の駐停車時間など、労働者が作業を行うために待機している時間を指す。古くから、労基法上の休憩時間（労働から離れることが保障されている時間）にあたらない限り、労働時間に該当すると解されてきた（すし処「杉」事件・大阪地判昭和56年3月24日労経速1091号3頁など）。この判断方法は、前掲大林ファシリティーズ事件に通ずるものである。

　手待時間を労働時間と認めた裁判例は枚挙に暇がないが、例えば、一人勤務のガソリンスタンド店員の営業時間中の休憩時間（クアトロ事件・東京地判平成17年11月11日労判908号37頁）、タクシー運転手の客待ち時間（中央タクシー事件・大分地判平成23年11月30日労判1043号54頁）、トラック運転手の配送先等における待機時間（田口運送事件・横浜地裁相模原支判平成26年4月24日判時2233号141頁）、バス運転手の始終点における待機時間（北九州市交通局事件・福岡地判平成27年5月20日労判1124号23頁）に関するものがある。　・

（4）事業場外での待機時間

　前掲大林ファシリティーズ事件及び前掲大星ビル管理事件は、いずれも事業場（ないしその隣室である居室）における不活動時間の労働時間該当性についての判断であった。これに対し、大道工業事件・東京地判平成

20年3月27日労判964号25頁は、寮に滞在し、顧客から依頼があった場合には、可能な限り迅速に現場に赴いて実作業（ガス配管工事）に従事することを義務付けられていた時間について、実作業に出動する頻度が低いこと、当該時間中の実作業時間が占める割合が小さいこと（不活動時間が占める割合が大きいこと）、不活動時間中の労働者の活動・行動様式は自宅通勤者が自宅で過ごすときとさほど異ならないものであったことなどを理由として、労働時間にあたらないと判断した。この裁判例は、寮への滞在及び顧客から依頼があった場合に実作業に従事することが労働者に義務付けられており、かつ、実作業に従事する必要が生じることが皆無に等しいとはいえない事案についてのものである。そのため、上記 ② の判例の規範のみから労働時間に該当しないという判断を導くことは困難であり、労働契約上の役務の提供が義務付けられているか否か（労働から離れることを保障されているか否か）のみならず、当該時間における業務性・職務性の希薄さをも考慮して、不活動時間の労働時間該当性を判断したものと解される。

　通信の発達やテレワークの浸透により、事業場外において必要なだけ働くという勤務態勢が広まりつつある中、この裁判例、ひいては指揮命令ないし使用者の関与の有無・程度のみならず業務性・職務性の有無・程度も考慮して労働時間該当性を判断するという枠組みには注意が必要である。

（中野智仁）

4 労働時間の否認② （労働時間の認定方法）

1 労働時間の立証責任

　残業代請求事件の訴訟物である賃金請求権は、労働への従事と報酬が対価関係にあること、報酬請求の時期が労働の終了後とされていることから、労働義務の履行としての労務の提供が現実になされた場合に初めて発生するものと考えられている（ノーワーク・ノーペイの原則）。労務提供の事実は請求原因である。したがって、労働者が使用者に対して労務を提供した時間（労働時間）については、労務提供の事実を構成する一要素として、労働者が主張・立証責任を負う。

　他方、使用者においては労働者の労働時間を把握する義務を負っており、労働時間についての証拠資料は使用者が所持しているのが通常であることから、訴訟手続においては、使用者に対し労働時間について適切に認否・反論・反証することが求められ、使用者がこれを果たさない場合、労働者の主張が認められることにもなりうる。

2 労働時間の立証方法

（1） 労働時間の立証方法

　一般的には、タイムカードのほか、日報、入退室記録、事業場の錠の開閉記録、パソコンの履歴、メールの送受信記録等により立証される。

（2） 労働時間の認定

　タイムカード等の客観的な記録によって時間管理がなされている場合には、特段の事情のない限り、タイムカードの打刻時刻等により労働時間を事実上推定するのが多くの裁判例の立場である（東京地判平成9年3月13日労判714号21頁、大阪地判平成11年5月31日労判772号60頁）。

　労働者等が業務上作成した日報等による労働時間の認定が問題となった

裁判例には、日報によって認定をした事案（大阪高判昭和63年9月29日労判546号61頁）、シフト表によって認定をした事案（岡山地判平成19年3月27日労判941号23頁）、パソコンの立ち上げと立ち下げを記録したログデータによって認定をした事案（東京地判平成18年11月10日労判931号65頁）、シフト表・人件費表・手帳等によって認定をした事案（東京地判平成23年3月23日労判1029号18頁）等があり、事案に応じ種々の証拠に基づく労働時間の認定がなされている（**Q5・Q6**）。

こうした直接証拠がない場合であっても、間接事実の積み重ねによって労働時間を推認する裁判例として、タイムカードがない部分について時間外労働がなされたことが確実であるという前提のもと、原告ら主張の時間外労働時間の2分の1について推計により認定した事案（大阪高判平成12年6月30日労判792号103頁）等がある（**Q7**）。

3　使用者側の主張・立証上の留意点

（1）資料の提出

使用者が作成保存している労働時間についての証拠資料は、文書提出命令、証拠保全の対象となりうるものであるから、労働者より開示の求めがあった場合には、適切な範囲で開示するべきと考える。

（2）労働時間についての反証の程度

労働者が主張・立証責任を負うとはいっても、労働時間を把握する義務を負っている使用者としては、単に争うというだけではなく、理由を付して否認し、具体的な主張・反証をする必要がある。使用者としては、把握している労働者の勤怠状況に照らして、労働者の主張に個別具体的な検討を加えたうえで、表計算ソフトを用いて、労働者の労働時間を労働日ごとに始業・終業時刻によって明示するのが一般的である。　　　　　（杉原弘康）

Q5　労働時間の立証資料

労働者が労働時間を立証するにあたり、どのような資料が証拠となるのでしょうか。

タイムカードは、そこに記録された出勤・退勤時刻により労働時間を認定する裁判例が多数あり、重要な証拠とされている。

その他、パソコンのログデータ、入退館記録、タコグラフ（車両運行記録）、出勤簿、業務日報等の客観的資料を根拠として労働時間の認定がされている。

解説

1 使用者による労働時間管理

使用者は、労働者各人の労働時間を賃金台帳に記入しなければならず（労基法108条、労基則54条1項）、労働時間を適正に把握するなど労働時間を適切に管理する責務があると解されている（阪急トラベルサポート（第2）事件・東京高判平成24年3月7日労判1048号6頁等）。労安法においても、平成31年4月の改正により、使用者は労働時間の状況を把握する義務を負うものと定められた（同法66条の8の3、労安則52条の7の3）。

労働時間把握の手段としては、原則として、タイムカード、ICカード等の客観的な記録を用いるべきものとされている（厚生労働省「労働時間の適正な把握のために使用者が講ずべき措置に関するガイドライン」平成29年1月20日策定）。このような客観的な記録が、実務上、労働時間の立証のための資料ともされている。

2 タイムカードによる認定

タイムカードは、出勤時刻及び退勤時刻を定型的かつ正確に記録するものであるため、実務において信用性の高い証拠とされている。タイムカー

ドによって労働時間の管理がなされている場合には、多くの裁判例におい
て、特段の事情のない限り、そこに記録された出勤・退勤時刻をもって労
働時間が認定されている（京都福田事件・大阪高判平成元年2月21日労判
538号63頁、三晃印刷事件・東京高判平成10年9月16日労判749号22頁等）。

　タイムカードを導入している場合でも、実際の利用方法や就労状況に
よっては実労働時間を正確に反映していないことがあるが、タイムカード
の記録により一応の推定がされていることから、特段の事情として、使用
者において積極的に主張・反証がなされる必要がある。

　なお、タイムカードの打刻漏れや直行直帰の場合の補充として、労働者
がタイムカードに手書きで記入したり、業務日報等を使用者に提出したり
する場合があるが、その記載が労働時間の認定資料となるためには、タイ
ムカードとは別に内容の信用性が認められる必要がある（松山石油事件・
大阪地判平成13年10月19日労判820号15頁、ピュアルネッサンス事件・
東京地判平成24年5月16日労判1057号96頁等）。

③ その他の客観的資料による認定

　タイムカードと同程度以上に、労働時間が定型的かつ正確に記録された
資料であれば、信用性が高く、以下の例のように、労働時間を把握する重
要な証拠となる。

①パソコンのログデータ（起動時刻と終了時刻の記録）につき、デスクワー
　クをする人間が通常パソコンの起動及び終了をするのは出勤直後及び退
　勤直前であることを経験的に推認できるとし、同記録上の起動時刻を始
　業時刻、終了時刻を終業時刻として労働時間を認定した裁判例がある
　（PE＆HR事件・東京地判平成18年11月10日労判931号65頁等。なお、
　ログ記録のあるレジスタにつき、同様に認定した裁判例は、シン・コー
　ポレーション事件・大阪地判平成21年6月12日労判988号28頁）。

②会社への入退館に用いるIDカードに出退勤時刻を記録していた事案に
　つき、同記録により労働時間の管理がなされていたとして、同記録上の
　出勤・退勤時刻をもって労働時間と認定した裁判例がある（コミネコ
　ミュニケーションズ事件・東京地判平成17年9月30日労経速1916号11

頁)。

③タコグラフ（車両運行記録）につき、同記録をもとに算出された労働時間を基準として労働時間を認定した裁判例がある（大虎運輸事件・大阪地判平成18年6月15日労判924号72頁）。

　これらに対し、労働者が労働時間を自ら記載し、使用者に提出する出勤表や業務日報等の自己申告制による資料については、労働者が自由に記載できるため、その記載内容の信用性が問題となるものの、信用性を裏付ける客観的事情がある場合には、労働時間を認定する資料となる。裁判例としては、労働者が出向先に提出する資料で、出向先はこの資料によって使用者との契約に基づく労働者の就労状況を把握することになるため、正確に作成する必要がある等の事情が存する場合の勤務時間整理簿（ピーエムコンサルタント事件・大阪地判平成17年10月6日労判907号5頁）、時間外手当等の算出基礎とするために作成された資料であるとの事情が存する場合の指示簿（東建ジオテック事件・東京地判平成14年3月28日労判827号74頁）、使用者の了承はないものの実際に他の従業員も記載どおり勤務していた事情が存する場合のシフト表（セントラルパーク事件・岡山地判平成19年3月27日労判941号23頁）、労働時間の推計が他の従業員のものと顕著な差異がなく、輸送実績に基づく推計とも整合する場合の運転報告書（郡山交通事件・大阪高判昭和63年9月29日労判546号61頁）等がある。

（笹岡亮祐）

Q6 タイムカードと異なる労働時間の認定

労働者からタイムカードが証拠として提出された場合、その記載内容と異なる労働時間が認定されることはあるのでしょうか。

A 　使用者において、タイムカードによって労働時間を管理していないことや、タイムカードに記録された出勤・退勤時刻が不正確であること、タイムカードに基づく労働時間のうちに労働時間に該当しない部分が含まれること等の特段の事情を反証できた場合は、タイムカードの記録内容と異なる労働時間が認定されうる。

解説

① タイムカードによる認定

　タイムカードによって労働時間の管理がなされている場合には、多くの裁判例において、特段の事情のない限り、そこに記録された出勤・退勤時刻により労働時間が認定されている。

② タイムカードの記録方法に対する反論

　使用者としては、タイムカードによって労働時間の管理がなされておらず、そこに打刻された出勤・退勤時刻が始業時刻と終業時刻を示すものではない場合、タイムカードによっては労働時間を認定できない旨の反論をすることが考えられる。このような反論を認めた事案として、労働者が始業に備え余裕をもって出勤しており、退勤も比較的緩やかに管理されていたとして、タイムカードに記載された時刻から直ちに労働時間を算定することはできないとした裁判例（三好屋商店事件・東京地判昭和63年5月27日労判519号59頁）がある。

　また、タイムカードにより労働時間が管理されていたとしても、労働者の打刻方法が実際の労働時間に合致しない不正確なものであった場合は、

タイムカードの記載を信用できないと反論することが可能である。

③ 労働時間該当性に対する反論

　タイムカード等における出勤・退勤時刻の間に、休憩や私用での外出など、労働者が使用者の指揮命令下にない部分が存する場合は、上記特段の事情として、かかる事実を使用者が反証することにより、当該部分が労働時間から控除されることになる。具体的には、ICカードに記録された会社構内の滞留時間のうち、使用者による残業命令のない日報作成や電話応対の時間、使用者より労務の提供を義務付けられていない営業先の下調べの時間、使用者の指揮命令下にない実習成果の発表会への参加時間等につき、労働時間と認定できないとした裁判例（オリエンタルモーター事件・東京高判平成25年11月21日労判1086号52頁）や、タイムカードに打刻された出勤時刻後、所定の始業時間前に行われた作業準備行為、前日の積み残し作業等につき、使用者の指揮命令下に置かれた労務提供でないとして、労働時間に算定しなかった裁判例がある（ホンダカーズA株式会社事件・大阪地判平成25年12月10日労判1089号82頁）。

④ 反証の程度

　使用者が「労働時間を把握する法的義務を負」う旨を指摘し、「タイムカードの客観的記載と労働の実態との間に乖離が生じている旨を主張する使用者には、高度の反証が要求される」とした裁判例がある（日本赤十字社事件・甲府地判平成24年10月2日判時2180号89頁）。　　　　　（笹岡亮祐）

Q7 立証資料が不十分な場合

タイムカードその他の客観的資料がなく、労働者作成のメモが提出された場合、これによって労働時間が認定されることはあるのでしょうか。

立証資料が不十分な場合には、労働時間の認定はされないと考えてよいのでしょうか。

A 労働者が作成したメモは信用性に問題があり、メモのみを根拠として労働時間が認定されることは一般的ではないが、他の証拠によりメモの記載が客観的に裏付けられる場合には、メモの信用性が認められ、労働時間が認定されることがある。

また、立証資料が不十分な場合でも、推計により労働時間を認定した裁判例や、割合的に労働時間を認定した裁判例がある。

解説

1 メモ等による認定

労働者が作成したメモ等も証拠の一つにはなるが、労働者が自由に作成できることから、その信用性には問題がある。メモ等により労働時間を認定した例としては、Suica 利用明細により客観的な裏付けが得られる範囲の手帳の記載内容により労働時間を認定した裁判例（HSBC サービシーズ・ジャパン・リミテッド事件・東京地判平成23年12月27日労判1044号5頁）、ダイアリーの記載について、その目的が作業日報に労働時間を記載するためであったこと、少なくとも数日ごとに作成されていること、他の証拠により裏付けられていることから、信用性がないとはいえないとした裁判例（かんでんエンジニアリング事件・大阪地判平成16年10月22日労経速1896号3頁）、労働者自身が出勤・退勤時刻を記入したワーキングフォームにつき、その記載をそのまま採用することはできないが、自分の

業務実態を記憶に基づいて再現しようとしたものと認めることができ、その記載の3分の2程度の時間外労働を認めるのが相当とした裁判例（オフィステン事件・大阪地判平成19年11月29日労判956号16頁）がある。

このように、メモ等は、それのみで労働時間を認定するには信用性の点で問題があるが、その内容に客観的証拠との整合性が認められる場合には、労働時間の認定根拠となることがある。

② 立証資料が不十分な場合の割合的認定

残業代請求においては、1日ごとの具体的な労働時間を立証するのが原則であるが、それが証拠により立証できない場合でも、労働実態が相応に立証できれば、概括的に請求を認容する裁判例がある。

例えば、使用者による指示でタイムカードに打刻しなかったにもかかわらず、正確な時間を把握できないという理由のみから全面的に割増賃金を否定することは不公平として、労働者の主張した時間外労働時間の2分の1を労働したものと推計した裁判例（日本コンベンションサービス事件・大阪高判平成12年6月30日労判792号103頁）、法定労働時間を超える月間所定労働時間の定めがなされ、早朝と深夜の勤務の実態が認められることから、毎月の給与明細書に記載された残業時間は時間外労働時間と推認できるとした裁判例（エスエイロジテム事件・東京地判平成12年11月24日労判802号45頁）がある。

他に、出勤時刻の常態を認定し、手帳の記載の有無にかかわらず、画一的に労働開始時間を認定した裁判例（京都銀行事件・大阪高判平成13年6月28日労判811号5頁）、タイムカード等による出退勤管理をしていなかったのは専ら会社の責任であり、これを労働者に不利益に扱うべきでなく、使用者が残業の実態を把握しながら放置していたなどとして、労働者の供述、営業所所長作成の報告書等の全証拠から総合判断して概括的に一定の時間外労働時間を認めた裁判例（ゴムノイナキ事件・大阪高判平成17年12月1日労判933号69頁）、労働者の作成した手帳等について十分信頼できないとしながらも、時間外労働をしていた事実自体は認められるとして、使用者がタイムカードによる労働時間管理義務を果たさなかったことの責

任を労働者に負わせることは相当でないことを理由に、民訴法248条の精神に基づき原告が請求した時間外手当の額の6割を認めた裁判例（フォーシーズンズプレス事件・東京地判平成20年5月27日労判962号86頁）、使用者が労働時間管理のための資料を合理的な理由もなく廃棄したなどとして提出しないという状況が認められる以上、公平の観点から、タイムカードの打刻がない日につき、月ごとの平均の始業時刻及び終業時刻をそれぞれ始業時刻、終業時刻とするなどの推計を行った裁判例（スタジオツインク事件・東京地判平成23年10月25日労判1041号62頁）などがある。

（笹岡亮祐）

5 残業代の基礎となる賃金単価の否認

1 賃金単価の算出方法

（1）賃金単価に関する使用者の主張

　残業代請求においては、1時間あたりの賃金単価に割増率と時間数を乗じて金額を算出するが、労働者が主張する賃金単価を否認する場合、使用者としては単に否認するだけでは足りず、理由を明らかにしたうえで積極的に労働者の主張と異なる賃金単価を主張する必要がある。

（2）月給制における賃金単価の算出方法

　月給制の場合の賃金単価の算出方法は、基礎賃金額を1か月の所定労働時間数（月によって所定労働時間数が異なる場合には、1年間での月平均所定労働時間数）で除する方法による（労基則19条1項4号）。

　基礎賃金額は、使用者から支給される賃金から除外賃金（**Q9**）を控除した金額である。また、所定労働時間は、労働契約・就業規則等によって定められた就労時間をいい、具体的には始業時刻から終業時刻までの拘束時間から休憩時間を控除した時間を指す。

（3）月給制以外の賃金単価の算出方法（労基則19条）

ア　時間給

時間給の金額が賃金単価となる。

イ　日給

［日給額÷1日の所定労働時間数（日によって所定労働時間数が異なるときは、1週間における1日平均の所定労働時間数)］が賃金単価となる。

ウ　週給

［週給額÷1週間の所定労働時間数（週によって所定労働時間数が異なるときは、4週間における1週平均の所定労働時間数)］が賃金単価となる。

エ　旬給・半年給等

［当該期間の給与額÷当該期間の所定労働時間数（期間によって所定労働時間数が異なるときは、1か月、1年等の一定期間における平均所定労働時間数）］が賃金単価となる。

オ　歩合給（請負給・出来高払給）

［賃金算定期間の賃金総額÷賃金算定期間における総労働時間数］が賃金単価となる。

カ　複数の賃金形態からなる場合

各部分につき、それぞれ上記の計算方法によって算出した額の合計額が賃金単価となる。この点、歩合給が含まれる場合には注意が必要である（**Q8**）。

2　除外される賃金

（1）除外賃金

割増賃金の基礎となる賃金には、家族手当、通勤手当その他厚生労働省令で定める賃金は算入しないこととされている（労基法37条5項）。同規定を受け、労基則21条は、家族手当、通勤手当のほか、別居手当、子女教育手当、住宅手当、臨時に支払われた賃金、1か月を超える期間ごとに支払われる賃金は基礎賃金に算入しないことを定めている。

（2）除外される各種手当

基礎賃金から除外される手当は、同一時間の時間外労働に対する割増賃金額が労働の内容や量とは無関係な労働者の個人的事情で労働者ごとに変わるのは不合理との考え方から除外された。

これらの手当にあたるか否かは、名称のいかんを問わず、実質的に判断される（昭和22年9月13日発基17号）。したがって、通勤手当と称されていても、通勤費用額などの個人的事情を度外視して一律の額で支給されている場合は、除外される賃金にはならない。また、生活手当などと称していても、扶養家族の有無・人数によって算出される手当であれば、「家族手当」に該当する（昭和22年11月5日発基231号）。

（3）臨時に支払われた賃金

　「臨時に支払われた賃金」（労基則21条4号）とは、「臨時的・突発的事由にもとづいて支払われたもの、及び結婚手当等支給条件は予め確定されているが、支給事由の発生が不確定であり、かつ非常に稀に発生するもの」を指すと解されており（昭和22年9月13日発基17号）、通常の労働時間又は労働日の賃金ではないため除外されている。

（4）一箇月を超える期間ごとに支払われる賃金

　「一箇月を超える期間ごとに支払われる賃金」（労基則21条5号）とは、賞与や1か月を超える期間についての精勤手当、勤続手当、能率手当（同規則8条）などを指す。これらの手当は、計算技術上、割増賃金の基礎への算入が困難であるとして除外されたものである。

　なお、年度当初に年俸額を決定し、その一部を「賞与」として支払うという年俸制においては、「賞与」は「臨時に支払われた賃金」とはいえず、割増賃金の算定基礎から除外することは許されない（平成12年3月8日基収78号）。

（杉原弘康）

Q8 具体的な算出方法（歩合給・複合形態）

月給と歩合給を併用する制度を採用しているのですが、歩合給についても別途割増賃金の支払義務を負うのでしょうか。負う場合、給与全体に対する割増賃金をどのように算出したらよいのでしょうか。

A 歩合給に対しても労基法37条の割増賃金規定が適用されるため（労基則19条1項6号）、使用者は、労働者に対し、時間外、休日及び深夜労働の割増賃金の支払義務を負う。歩合給の基礎賃金は当該賃金算定期間における歩合給総額を総労働時間数で割った金額となり、これに時間外、休日又は深夜労働の労働時間数及び各割増率（割増部分のみ）を乗じ、割増賃金の金額を算出することになる。

なお、歩合給と固定給（月給・日給等）は、別々に割増賃金を計算する必要があり、その合計額が給与全体に対する割増賃金額となる。

解説

① 歩合給に対する労基法の定め

労基則19条1項6号に歩合給（出来高払制その他の請負制によって定められた賃金）に対する基礎賃金（通常の労働時間・労働日の賃金）の計算方法が定められており、歩合給も割増賃金規定（労基法37条）の適用対象である。

② 割増賃金の具体的算出方法

歩合給の基礎賃金は、当該賃金算定期間における歩合給総額を同期間における総労働時間数で割った額である（労基則19条1項6号）。かかる基礎賃金に、時間外、休日又は深夜労働の労働時間数を乗じ、各割増率を乗じることで割増賃金が算定される。

この点、歩合給の場合は、時間を延長したことによって成果が上がって

いるという面があり、時間単価に相当する部分（100％部分）は既に歩合給に含まれて支給されていると考えられることから、支払うべき割増賃金は割増部分（時間外労働及び深夜労働に対する25％、休日労働に対する35％）のみで足り、100％部分は支払対象ではない（昭和63年3月14日基発150号等）。

　なお、歩合給と固定給（月給・日給等）が併用されている場合には、労基則19条1項1号ないし6号の各規定に従い、歩合給と固定給について別々に割増賃金を計算し、その合計額を支払うべきことになる（同項7号）。

③ 歩合給と固定給の併用制における割増賃金計算の具体例

　例えば、労働者がある月に固定給として月給30万円（他の手当等の支給なし、1か月の所定労働時間数は176時間）と歩合給10万円を受給し、所定労働時間を超えて44時間の時間外労働をした場合（深夜労働及び休日労働はなし）について、割増賃金を計算すると、次のとおりとなる。

　まず、固定給については、基礎賃金が1705円（≒30万円÷176時間）であり、時間外労働が44時間となるから、割増賃金は9万3775円（＝1705円×1.25×44時間）となる。

　次に、歩合給については、総労働時間が220時間（＝176時間＋44時間）であるから、基礎賃金は455円（≒10万円÷220時間）であり、時間外労働が44時間であるから、割増賃金は5005円（＝455円×0.25×44時間）となる。

　したがって、当該労働者の当該月の割増賃金は、9万8780円（＝9万3775円＋5005円）となる。

（笹岡亮祐）

Q9 除外されるか否かが問題になる賃金

労働者に対し年俸制の給与を支給しているのですが、そのうちの賞与にあたる部分は残業代計算にあたって基礎賃金に含まれるのでしょうか。

また、労働者に対し、一律月額2万円の通勤手当を支給しているのですが、これは残業代計算にあたって基礎賃金に含まれるのでしょうか。

A 年俸に含まれる賞与については、その支給額や支給時期があらかじめ確定されている場合には、「臨時に支払われた賃金」及び「一箇月を超える期間ごとに支払われる賃金」に該当せず、基礎賃金に含まれることになる。

通勤手当については、本事例のように、労働者の通勤の距離、実費額等の個人的事情に基づかずに一律で給付される場合は、労基法37条5項の「通勤手当」に該当せず、基礎賃金に含まれる。

解説

① 除外賃金の意義

労基法37条5項は、割増賃金の基礎となる賃金（基礎賃金）には、①家族手当、②通勤手当その他厚生労働省令で定める賃金は算入しないと定めており、労基則21条は、これらに加え、③別居手当、④子女教育手当、⑤住宅手当、⑥臨時に支払われた賃金、⑦1か月を超える期間ごとに支払われる賃金を除外賃金として定めている。これらの賃金は限定列挙とされ、実際に支払われる手当が、除外賃金に該当するか否かは、名称のいかんを問わず実質的に判断される（昭和22年9月13日発基17号）。

①ないし⑤の賃金が除外賃金とされた趣旨は、労働の内容や量とは無関係な労働者の個人的事情によって基礎賃金の額が変動することが適切でないことによる。また、⑥及び⑦の賃金が除外賃金とされた趣旨は、毎月支

払われるものでなく、計算技術上基礎賃金への算入が困難であることにある。

② 除外賃金該当性

（1）①除外賃金の意義の①ないし⑤の賃金について

　上記①の趣旨から、家族手当であれば扶養家族の有無や数（昭和22年11月5日基発231号）、通勤手当であれば通勤の距離や実費額、住宅手当であれば住宅の賃料額やローン月額（平成11年3月31日基発170号）などの労働者の個人的事情に基づいて算定されるものが除外賃金に該当することになる。このような個人的事情とは無関係に、すべての従業員に対して一律同額に支給される手当、すなわち扶養家族の有無・人数に関係なく支払われる家族手当、通勤費の実額にかかわらず支払われる通勤手当、賃貸か持ち家かにかかわらず、また、家賃額ないしはローン額にかかわらず支払われる住宅手当は、除外賃金に該当せず、基礎賃金に含まれることになる。

　この点に関し、「名目が前記除外賃金と同一であっても労働者の一身的諸事情の存否や労働時間の多寡にかかわらず一律に支給されているものについては除外賃金には該当しない」ものとし、当該事案において支給されていた「家族手当」「通勤手当」等を除外賃金に該当しないとした裁判例がある（壺阪観光事件・奈良地判昭和56年6月26日判時1038号348頁）。

（2）①除外賃金の意義の⑥及び⑦の賃金について

　上記①の趣旨から、⑥については退職金や結婚手当（昭和22年9月13日発基17号）、⑦については賞与や勤続手当（労基則8条）など1か月あたりの賃金として算定困難であるものが除外賃金に該当する。

　賞与は勤務成績に応じて支給されるものであるから、除外賃金に該当するものといえるが、年俸制で年間の年俸が確定しており、その一部を賞与月に多く配分するにすぎない場合は、ここにいう賞与とはいえないため、除外賃金に該当せず、基礎賃金に含まれることになる。裁判例としては、年俸額の月給と賞与への割振りは社員の希望に応じて決定されており、そ

のようにして支給される賞与を通常の労働時間の賃金から控除することは相当でないと判断したもの（中山書店事件・東京地判平成19年3月26日労判943号41頁）や、年俸を14で除した金額を月ごとに支払う旨の合意が当事者間に認められ、2か月分の賞与的部分につき、会社代表者が給与規定に依拠せず、人事考課をしないで裁量的に決定していたものであるから、除外賃金に該当するとするのは相当でないと判断したもの（ロア・アドバタイジング事件・東京地判平成24年7月27日労判1059号26頁）等がある。

（笹岡亮祐）

6 / 割増率

1 月60時間超の場合の割増率と適用猶予規定の廃止

（1）割増率

　時間外労働の割増率は、1か月の合計が60時間までについては2割5分の率（労基法37条1項本文、割増賃金令〔改正平成11年1月29日政令16号〕）、1か月の合計が60時間を超えた場合は5割以上の率とされている（労基法37条1項但書）。

　1か月60時間を超える時間外労働についての「5割以上」の特別の割増率は、1990年代後半以降の長期経済低迷の中で、企業において、正社員数の抑制に伴い、30歳代ホワイトカラーを中心に長時間労働が進行したことに鑑み、「仕事と生活の調和」政策の一環として、特に長い時間外労働を抑制するために、平成20年の労基法改正によって設けられた。

（2）中小企業に対する適用猶予規定とその廃止

　平成20年の上記法改正は平成22年4月1日から施行されたが、特別の割増率の規定（労基法37条1項但書）は、当分の間は、中小事業主の事業については適用しないこととされていた（同法138条）。

　ここでいう「中小事業主」は、その資本金の額又は出資の総額が3億円（小売業又はサービス業を主たる事業とする事業主については5000万円、卸売業を主たる事業とする事業主については1億円）以下である事業主及びその常時使用する労働者の数が300人（小売業を主たる事業とする事業主については50人、卸売業又はサービス業を主たる事業とする事業主については100人）以下である事業主をいう（同条）。

　この適用猶予規定は、平成30年の働き方改革関連法による労基法改正で廃止されることになり、令和5年4月1日からは中小企業においても割増率5割以上が適用されることになる。

（3）使用者としての対応

　中小事業主としては、今後、5割以上の特別の割増率が適用されること
になるため、労働者の労働時間の適正管理がより一層求められることにな
り、月60時間を超える時間外労働を行っている労働者が多数いる場合は
時間外労働の短縮が必要となる。また、労使協定を締結することで、月
60時間を超える部分の特別の割増率による割増賃金の支払に代えて、有
給休暇を労働者に与えることができる代替休暇制度の導入についても検討
すべきである。

2　法内残業の割増率

（1）法内残業とは

　一般に、「残業」とは、所定労働時間を超えて労働した場合を広く意味
している。しかしながら、労基法上の「時間外労働」とは、1日又は1週
の法定労働時間（1日8時間、1週40時間）を超える労働であり、所定労
働時間を超えていても、法定労働時間内の労働時間である場合は、労基法
上の「時間外労働」ではない。

　例えば、所定労働時間が午前9時から午後5時、休憩が正午から午後1
時の事業場の場合、所定労働時間は7時間であり、かかる事業場において
午後6時まで働いたとすると、その日の実労働時間は8時間となり、所定
労働時間を1時間超えていることになる。しかし、この1時間は、労基法
上の時間外労働ではない。

　このように、労基法上の時間外労働とはならないが、所定労働時間を超
えて行った労働を「法内残業」という。

（2）法内残業に対する賃金

　労基法37条が定める時間外労働の割増賃金は、法定労働時間を超える
労働を対象としているため、法内残業については、残業時間に対するいわ
ゆる100%部分の賃金の支払義務はあるが、同条が規定する時間外労働の
割増率に基づく割増賃金を支払う必要はない。

　もっとも、使用者は、法内残業に対する賃金につき、労働協約、就業規

則等により、別途賃金額を定めることが可能である（昭和23年11月4日基発1592号）。労基法上の時間外労働と同様に割増賃金を支払うことを定めることができる一方、法内残業について、最低賃金を下回らない合理的な範囲で、通常の賃金より低い額とすることもできる。この点に関する裁判例として、法内残業に関する賃金について、所定の給与に含まれていると解することが不合理とはいえないとしたものがある（セントラル・パーク事件・岡山地判平成19年3月27日労判941号23頁）。

（3）法定外休日の労働

　「休日労働」とは、週1日の法定休日における労働であり、週休2日制の事業場であって、土日の2日間労働させた場合でも、そのうち1日だけが労基法上の休日労働となる。また、国民の祝日に労働させたからといって、直ちに労基法上の休日労働となるわけではない。

　法定休日以外の休日については、休日手当としての割増賃金の支払義務はないが、時間外労働に該当する場合には、時間外労働に対する割増賃金の支払義務が生じる。　　　　　　　　　　　　　　　　　　　　（杉原弘康）

Q10 法内残業において割増賃金の支払を要する場合

労働者が、午前9時から正午、午後1時から5時までの1日7時間の所定労働時間を超えて、8時間の労働をした場合、1時間分の割増賃金を支払う必要があるのでしょうか。

A 所定労働時間の7時間を超えるが、法定労働時間の8時間を超えない労働時間（法内残業時間）の1時間分につき、労基法37条の定める割増率に基づく割増賃金を支払う必要はない。

もっとも、法内残業時間につき、労働協約、就業規則等により、割増率に関し別段の定めを設けていた場合は、当該別段の定めに基づく1時間分の割増賃金を支払わなければならない。

解説

1 法内残業に関する労基法の規定

労基法37条に基づき割増賃金を支払わなければならない時間外労働は、法定労働時間（同法32条）を超える労働のことを指すため、就業規則等で法定労働時間にみたない所定労働時間を定めている場合には、その所定労働時間を超えて労働したとしても、法定労働時間を超えない限り、当該労働時間については、通常の労働時間の賃金（いわゆる100％部分）を支払う必要はあるが、同法37条が規定する割増率に基づく割増賃金を支払う必要はない。

もっとも、所定労働時間を超えるが法定労働時間を超えない労働時間（法内残業時間）の労働が深夜労働に該当する場合は、当該労働時間につき、深夜労働の割増率に基づく割増賃金を支払わなければならない。

2 法内残業時間に関する別段の定め

法内残業時間については、労基法の割増賃金規定は適用されないが、使

用者は、法内残業時間の賃金につき、労働協約、就業規則等により、別途賃金額を定めることが可能である（昭和23年11月4日基発1592号）。労働協約、就業規則等によって割増率に関し別段の定めを設けた場合には、当該別段の定めに基づく割増賃金を支払うことになる。

　この点、労働者が所定労働時間を8時間と捉えていたことや、給与面の待遇からすると、法定労働時間内（法内残業時間）の労働についての賃金は、所定の給与に含まれていると解することが不合理であるともいえないとした裁判例（セントラル・パーク事件・岡山地判平成19年3月27日労判941号23頁）や、雇用契約書において、「年間の俸給は、残業や休日出勤に対するあらゆる賃金を含みます」と定められ、法内残業に対する賃金を年俸に含む旨の合意の効力を認めても、何ら労基法に反する結果は生じないから、当該合意は有効であって、被告には、法内残業に対する賃金の支払義務はないとした裁判例（HSBCサービシーズ・ジャパン・リミテッド事件・東京地判平成23年12月27日労判1044号5頁）がある。

　他方で、給与規定において、「時間外勤務をした場合においては、勤務1時間につき1時間あたりの算定基礎額に100分の125を乗じて得た金額とする」といったように、時間外勤務について割増賃金を支払う旨規定するのみで、特に法定内外の時間外賃金の取扱い区分の定めがない場合には、労使の合理的意思解釈として、法内残業についても、当該給与規定に基づき時間外の割増賃金を支払うことが労働契約上合意されていると解するのが相当とした裁判例（千里山生活協同組合事件・大阪地判平成11年5月31日判タ1040号147頁）もある。

（笹岡亮祐）

7 遅延損害金

1 令和2年4月1日以降に発生した未払残業代にかかる遅延損害金

　民法改正及び商事法定利率の廃止により、法定利率は年3%を基準とするスライド制（民法404条2項ないし5項）となった。法定利率に従った遅延損害金の請求をする場合、労働者は特段の主張・立証を行う必要はない。そのため、使用者による遅延損害金固有の否認理由も特にない。

　法定利率を超える約定利率に従った遅延損害金の請求をする場合、労働者は、当該利率にかかる合意を主張・立証する必要がある。これに対する使用者の否認理由は、当該利率にかかる合意の存否や、合意の解釈に関するものが中心となるであろう。

　賃確法6条1項、賃確法施行令1条に基づく年14.6%の遅延損害金の請求をする場合、労働者は、時的因子を特定して退職の事実を主張・立証しなければならない。これに対する使用者の抗弁は第4章❺のとおりであるが、退職の事実の有無に関する理由付け否認をすることもありうる。

2 令和2年3月31日以前に発生した未払残業代にかかる遅延損害金

　現行民法の施行日（令和2年4月1日）以前に支払日が到来していた残業代請求権にかかる遅延損害金については、改正前の法令の例によることとなる（民法改正法（平成29年法律44号）附則17条3項）。

　民事法定利率は年5%（改正前民法404条）である。この民事法定利率に従った遅延損害金の請求をする場合、労働者は特段の主張・立証を行う必要はない。もっとも、多くの事案では、商事法定利率の年6%（改正前商法514条）が請求されることとなる。この商事法定利率に従った遅延損害金の請求をする場合、労働者は、使用者が会社であること（会社法5条）

や商人であること（商法503条）の主張・立証を行う必要がある。使用者が会社や商人である場合、通常、雇用契約の締結が商行為でないという反論をすることは困難であるが、使用者が会社以外の法人（一般社団法人・一般財団法人のほか、医療法人・学校法人等の特殊な法人など）である場合、商事法定利率の適用対象外である旨の理由付け否認をすべきこともある。

　賃確法6条1項、賃確法施行令1条に基づく年14.6％の遅延損害金の請求については、上記1と同様である。　　　　　　　　　　　（中野智仁）

8 付加金

1 付加金とは

　付加金とは、労基法20条、26条若しくは37条に違反し、又は、同法39条9項による賃金を支払わなかった使用者に対し、労働者の請求により、これらの規定にかかる未払金と同額を上限として、支払が命じられることのある金員である（同法114条本文）。

　労働者の請求は、現行法上は、違反があったとき（割増賃金請求事件においては割増賃金の弁済期を経過したとき）から3年以内に行わなくてはならない（労基法143条2項、これは「当分の間」の規律であり、将来的には労基法114条但書に従い5年以内となるものと思われる）。ただし、令和2年4月1日よりも前に上記各規定の違反があった場合の付加金請求は、違反があったときから2年以内に行わなくてはならない（労基法改正法（令和2年法律13号）附則2条1項、令和2年改正前労基法114条但書）。以上の期間制限は消滅時効期間ではなく除斥期間と解されている。

　労基法上の割増賃金の支払を求める残業代請求事件は、同法37条違反が主張される事件であるため、付加金の請求があわせてなされることが通常である。他方、法内残業にかかる労働契約上の割増賃金や同条・割増賃金令に定める割増率を超える労働契約上の割増賃金の未払は、37条違反にはあたらないので、これらに対する付加金請求は認められない。

　付加金は、裁判所が支払を命じることによって生じる法律上の債権であるため、判決確定日の翌日から法定利率による遅延損害金が認められることとなる（江東ダイハツ自動車事件・最判昭和50年7月17日集民115号525頁、新井工務店事件・最判昭和51年7月9日集民118号249頁）。

2 付加金に関する裁判所の裁量

　労基法114条本文の文言（「裁判所は……付加金の支払を命ずることが

できる。」）から明らかであるとおり、裁判所は付加金の有無について裁量を有している。また、裁判実務上は、裁判所は付加金の額についても裁量を有するものと考えられており、同条本文に規定されている未払金と同一額ではなく、これを下回る金額の付加金の支払のみを命じる裁判例も複数存在する（**Q11**）。

　裁判所は、使用者による法違反の程度・態様、労働者の不利益の性質・内容、使用者の対応等の諸般の事情を考慮して、付加金の支払義務及びその額を決定しており、付加金支払義務は重大・悪質な違反の場合に限定されているという評価もなされており（土田76頁）、使用者が残業代請求について適切な反論を行うことにより、結果として付加金請求を棄却ないし減額することにつながる場合がありうる。

3　未払割増賃金を支払った場合の付加金支払義務

　労基法114条が付加金を定める趣旨は、労働者の保護の観点から、同条所定の労基法の条項違反に対し一種の制裁として経済的な不利益を課すこととし、その支払義務の履行を促すことにより労基法114条の実効性を高めようとすることのみならず、使用者による労基法114条所定の金員の支払義務の不履行によって労働者に生じる損害を塡補することにもあると解されている（最決平成27年5月19日民集69巻4号635頁）。そのため、使用者が一度は同法37条に違反したとしても、後に（事実審の口頭弁論終結時までに）未払割増賃金の支払を完了し、同条違反が消滅した場合には、上記趣旨に照らし付加金の支払を命じる必要がないため、裁判所は付加金の支払を命じることはできない（前掲新井工務店事件、甲野堂薬局事件・最判平成26年3月6日労判1119号5頁）。

　したがって、第一審で付加金の支払が命じられた場合、使用者は控訴したうえで、控訴審の口頭弁論終結時までに未払割増賃金を支払うことによって、付加金の支払を免れることが可能である。また、使用者が未払割増賃金の一部を支払った場合には、裁判所が支払を命じることができる付加金の限度額は、その残額まで減額されることとなる。

　これに対し、使用者が控訴せずに未払割増賃金を支払った場合には、第

一審の口頭弁論終結時が基準となるため、使用者は付加金の支払義務を免れない（損保ジャパン日本興亜（付加金支払請求異議）事件・東京地判平成28年10月14日労判1157号59頁）ので、注意が必要である。

　第一審で未払割増賃金の支払を命じる判決が言い渡される可能性が高い場合、第一審の口頭弁論終結時までに和解を成立させたり、未払割増賃金を支払ったりすることにより、付加金の支払を命じる第一審判決が言い渡されること自体を避けることも選択肢として検討を要する。

　なお、労基法37条違反の存在は裁判所が付加金の支払を命じるための要件であるため、理屈のうえでは、使用者が同条所定の割増賃金を支払っていないことは付加金の請求原因事実にあたると思われるが、口頭弁論終結時まで使用者が同条所定の割増賃金を支払っていないことを労働者が主張・立証し続けることは現実的ではないため、この点については使用者から積極的に争点形成を行う必要がある。　　　　　　　　　　　　（中野智仁）

Q11 付加金を課されるか否かの判断基準

> 付加金の支払義務の存否及びその額は、どのような観点から判断されるのでしょうか。

A 使用者による法違反の程度・態様、労働者の不利益の性質・内容、使用者の対応等の諸般の事情を考慮して、裁判所の裁量により判断される。

解説

① 付加金の支払義務の存否・金額の判断基準

　労基法114条は、「裁判所は……付加金の支払を命じることができる」と規定していることから、使用者が時間外・休日・深夜労働の割増賃金（同法37条）の支払義務に違反した場合でも、裁判所は常に付加金の支払を命じるわけではなく、付加金の支払義務の存否は、裁判所の裁量により判断される。また、同法114条の文言上は、未払金と「同一額の付加金」とされているが、付加金の額についても裁判所が裁量により判断している例（未払金額に満たない額の付加金の支払を命じる例）が増えている（荒木71頁）。具体的には、裁判所は、使用者による法違反の程度・態様、労働者の不利益の性質・内容、使用者の対応等の諸般の事情を考慮して、付加金の支払義務及びその額を決定しており、付加金支払義務は重大・悪質な違反の場合に限定されているという評価もなされている（土田76頁）。

② 付加金の支払義務に関する裁判例

　使用者に付加金の支払を命じなかった裁判例として、①使用者の給与体系自体が一見して明白に不合理・理不尽であるとか使用者が法に反して積極的に残業代等を支払わないような対応を示している状況にはないとして、付加金の支払義務を否定したもの（藤ビルメンテナンス事件・東京地

判平成20年3月21日労判967号35頁）、②使用者が労働者に対し積極的に時間外労働を求めたわけではないこと及び一定の時間外賃金相当分を支払っていることから、付加金の支払を認めるまでの悪質性はないとして、付加金の支払義務を否定したもの（大林ファシリティーズ（オークビルサービス事件（差戻控訴審）・東京高判平成20年9月9日労判970号17頁）がある。

　付加金を一部減額して支払を命じた近時の裁判例として、③深夜割増賃金分が含まれる原告の基準給を算定の基礎としたため、裁判所認定の時間外割増賃金等はその分高額となっていること、労働時間の長期化には原告が店長としてどれだけスウィングマネージャー（注：店舗の総指揮を務めることができる従業員）を育成、確保できたかという個別的な事情も影響すること、及び、原告の時間外労働は、店長の平均的な時間外労働時間を上回っていることが多いこと等を勘案して、未払割増賃金の50％の限度で付加金の支払義務を肯定したもの（日本マクドナルド事件・東京地判平成20年1月28日労判953号10頁）、④原告の請求する時間外勤務手当等には仮眠時間が相当の時間数を占めており、監視断続業務に該当する宿日直勤務として適正な手続を執っていれば時間外勤務手当等の支払義務を免れる可能性があること、及び、原告を除く他の労働者は労働時間として認識していないことを勘案して、少なくとも仮眠時間にかかる時間外勤務手当等には付加金を命じることは相当でないとして、未払割増賃金の70％の限度で付加金の支払義務を肯定したもの（学校法人関西学園事件・岡山地判平成23年1月21日労判1025号47頁）、⑤労働者は日々の職務処理のための勤務時間について使用者代表から具体的な指示を受けることなく専ら自らの判断で処理していたこと、使用者代表に時間外労働について苦情を述べたり、時間外労働に対する割増賃金の支払を求めたりしたことはなく、本件訴えにおいて初めてこれを請求したこと、時間外労働が予想された月には使用者が自ら時間外手当を支払っていたこと、及び、使用者が労働者に対し管理者手当名目で毎月一定額を支払っていたこと等を勘案し、未払割増賃金の30％の限度で付加金の支払義務を肯定したもの（H会計事務所事件・東京高判平成23年12月20日労判1044号84頁）がある。

他方、未払割増賃金と同額の付加金の支払を命じた裁判例として、⑥使用者はタイムカードを導入しないなど出退勤の管理を怠っていたこと、そのため相当長時間の超過勤務手当について手当が支給されずに放置されていたこと、現に労働基準監督署からその旨の是正勧告も受けていること等を考慮し、付加金の対象となる期間の未払割増賃金と同額の付加金の支払義務を肯定したもの（ゴムノイナキ事件・大阪高判平成17年12月1日労判933号69頁）、⑦使用者が時間外・深夜・休日の割増手当について全く支払をしておらず、訴訟提起後も、時間外、深夜労働の事実自体を争い、未払の割増賃金を支払う姿勢が全く見られないとして、未払割増賃金と同額の付加金の支払義務を肯定したもの（医療法人大生会事件・大阪地判平成22年7月15日労判1014号35頁）、⑧使用者は労働者に対し極めて過酷ともいうべき長時間労働を強いていながら、極めて多額の時間外手当を労基法に違反して支払っておらず、労働時間規制を軽視する態度は顕著であって、同法違反の態様は悪質であること等を勘案し、未払割増賃金と同額の付加金の支払義務を肯定したもの（仁和寺事件・京都地判平成28年4月12日労判1139号5頁）がある。

3 裁判例を踏まえた使用者側の訴訟対応

　裁判例の中には、訴訟手続における使用者側の対応を考慮要素の一つとして、付加金の支払義務の存否・金額を判断するものがある。使用者が、訴訟手続において、裁判実務に照らし明らかに不合理な争い方をしたり、未払割増賃金の発生が明らかな部分についても支払を拒絶したりする場合には、付加金の支払義務の存否・金額の判断において、使用者に不利に影響する可能性があるため、注意を要する。　　　　　　（野田侑希）

第4章

使用者が主張すべき事実

　本章では、残業代請求に対し使用者が主張・立証すべき抗弁事実を解説する。抗弁事実は多岐にわたるが、主張すべき抗弁事実に漏れがないよう広く理解しておくことが求められる。また、最高裁判決が複数存在し、実務において争点となることが多い固定残業代には特に注意が必要である。

1 想定される使用者の抗弁

1 使用者の抗弁

　労働者による請求原因事実の主張・立証に対し、使用者は積極的な否認・反論・反証が求められるが、このような否認・反論・反証とともに、請求原因事実と両立しつつ、残業代請求を排斥する事実（抗弁事実）の主張・立証が必要ないしは可能な場合がある。使用者の抗弁には、残業代請求権の発生自体を否定する権利発生障害の抗弁と発生した残業代請求権が消滅したことを主張する権利消滅の抗弁とがある。

　権利発生障害の抗弁としては、労基法上の規制の全部又は一部が適用されないことになる「適用除外」を基礎付ける事実、時間外労働であると主張される労務の提供が時間外労働にあたらないことになる「変形労働時間制」「フレックスタイム制」「事業場外労働」「裁量労働制」の各要件に該当する事実等があげられる。これに対し、権利消滅の抗弁としては、残業代は支払済みであるとの主張（弁済の抗弁）、労働者が残業代債権を放棄したとの主張、時効により消滅したとの主張等があげられる。

2 抗弁主張の実際

　中小企業、特に小規模な事業者においては、何らの根拠規程等も設けず、また、形式的に就業規則等に規定を設けるのみで、抗弁の前提となる制度を導入し、利用している場合が少なくない。時間外労働等に対する対価を補償し、長時間労働を抑制することで労働者保護を図る労基法のもとでは、権利発生障害の抗弁にあたる事実の認定は、判例・裁判例において厳格になされており、使用者の抗弁が否定される場合も少なくない。

　権利消滅の抗弁についても、弁済の抗弁の主張において、いわゆる「固定残業代」による支払が有効な支払となるかが争われる場合があり、「固定残業代」を採用している中小企業が少なくないため、残業代請求の実務

においては、「固定残業代」の有効性が重要な争点となることが多い。

3　抗弁の主張にあたり注意すべき点

　残業代請求事件においては、本来労働者が主張・立証責任を負っている労働時間の認定等において、事実上、立証責任が使用者に転換されているに等しい状況にあり、使用者において理由を付した積極的な否認と反証が求められることが一般的で、使用者が主張・立証責任を負う抗弁との比較で、主張・立証の必要性と負担に大きな差はなくなっている。それでもなお、抗弁に関しては使用者において主張しない限りは争点とはならないことから、使用者の代理人においては、労務管理の状況を十分に聴取し、就業規則等の規定を精査し、主張可能な抗弁を発見、選択する必要がある。

　主張可能な抗弁がある場合でも、前記2のとおり、その認定は厳格になされており、立証できない場合も少なくないことから、使用者の代理人においては、まずは、請求原因事実に対する積極的な否認と反証を行う必要がある。特に、労働者主張の労働時間、その始業・終業時刻、休憩時間に対する反論・反証を十分に行ったうえで、抗弁の主張・立証を行わなければならない。抗弁のみにより割増賃金請求権の発生を否定し、消滅させられることを期待し、請求原因事実に対する積極的な反論・反証を怠るようなことがあってはならない。

（狩倉博之）

2 / 残業代の発生を障害する抗弁

1 残業代請求における権利発生障害の抗弁

　残業代請求における権利発生障害の抗弁とは、労働者による残業代請求を基礎付ける請求原因事実と両立しつつ、残業代請求を排斥する事実（抗弁事実）のうち、残業代請求権の発生を否定するものをいい、使用者が主張・立証責任を負う。

　①労基法上の労働時間、休日等に関する規定の適用がないことを根拠付ける事実（管理監督者等の適用除外）、②労働者主張の労働が時間外労働等にあたらないことを根拠付ける事実（変形労働時間制、事業場外労働等のみなし労働時間など）がある。

　時間外労働等に対する対価を補償し、長時間労働を抑制することで労働者保護を図る労基法のもとでは、権利発生障害の抗弁にあたる事実の認定ないし制度の適用は、判例・裁判例において厳格に判断されており、使用者主張の効果の発生が否定される場合も少なくない。中小企業、特に小規模な事業者においては、何らの根拠規程等を設けず、また、形式的に就業規則等に規定を設けるのみで、これらの抗弁の前提となる制度を導入、利用している場合が少なくない。使用者の代理人としては、権利発生障害の抗弁が成立するのか、また、立証できるのかを十分に調査、検討する必要があるとともに、まずは、請求原因事実に対する積極的な否認と反証を行う必要がある。特に、労働者主張の労働時間、その始業・終業時刻、休憩時間等に対する反論・反証を十分に行ったうえで、それとあわせて抗弁の主張・立証を行わなければならない。

2 時間外労働に対する権利発生障害の抗弁

　①労基法上の労働時間に関する規定の適用がないことを根拠付ける事由・制度として、「農業、畜産・水産業の事業に従事する者」「管理監督者」

「機密事務取扱者」「監視・断続的労働従事者で行政官庁の許可を受けたもの」「高度プロフェッショナル制度」がある。また、②労働者主張の労働が時間外労働にあたらないことを根拠付ける事由・制度として、「労働時間の特例」「変形労働時間制」「フレックスタイム制」「みなし労働時間」がある。

使用者は、これらの事由を基礎付ける事実ないしはこれらの制度の要件に該当する事実を主張し、立証することになる。

（1） 適用除外
ア　適用されない規定

「農業、畜産・水産業の事業に従事する者」「管理監督者」「機密事務取扱者」「監視・断続的労働従事者で行政官庁の許可を受けたもの」にあたる場合、労働時間に関する規定のほか、休日に関する規定の適用もなく、時間外労働及び休日労働に対する割増賃金請求権の発生を障害する抗弁として機能するが、深夜労働に関する規定の適用は除外されない（ことぶき事件・最判平成21年12月18日集民232号825頁）ことから、深夜労働に対する割増賃金に対しては抗弁として機能しない。

これに対して、「高度プロフェッショナル制度」は、深夜労働に関する規定の適用も除外されることから、深夜労働に対する割増賃金に対しても抗弁として機能する。

イ　農業、畜産・水産業の事業に従事する者

労基法上の労働時間、休憩及び休日に関する規定は、農業（同法別表第1の6号（林業を除く））、畜産・水産業（同法別表第1の7号）に従事する者には適用されない（同法41条1号）。

これらのいずれかの事業に該当することは使用者の抗弁となり、使用者が当該事実の主張・立証責任を負う。

ウ　管理監督者（Q12）

労基法上の労働時間、休憩及び休日に関する規定は、「監督若しくは管理の地位にある者」には適用されない（同法41条2号）。

「監督若しくは管理の地位にある者」とは、「労働条件の決定、その他労

務管理について経営者と一体的な立場に在る者」をいい、名称にとらわれず出社退社等について厳格な制限を受けない者について実態に即して判別すべきものであるとされている（昭和22年9月13日発基17号）。

裁判例においては、①事業主の経営に関する決定に参画し、労務管理に関する指揮監督権限を認められているか否か、②自己の出退勤をはじめとする労働時間について裁量権を有しているか否か、③一般の従業員に比しその地位と権限にふさわしい賃金上の処遇を与えられているか否かを総合考慮して、管理監督者に該当するか否かが厳格に判断されている（ピュアルネッサンス事件・東京地判平成24年5月16日労判1057号96頁、ロア・アドバタイジング事件・東京地判平成24年7月27日労判1059号26頁など）。

エ　機密事務取扱者

労基法上の労働時間、休憩及び休日に関する規定は、「機密の事務を取り扱う者」には適用されない（同法41条2号）。

行政解釈上、「機密の事務を取り扱う者」とは、「秘書その他職務が経営者又は監督若しくは管理の地位に在る者の活動と一体不可分であって、出社退社等についての厳格な制限を受けない者」をいうとされている（昭和22年9月13日発基17号）。

オ　監視・断続的労働従事者

労基法上の労働時間、休憩及び休日に関する規定は、「監視又は断続的労働に従事する者」で、使用者が「行政官庁の許可を受けたもの」には適用されない（労基法41条2号）。

行政解釈上、「監視労働」とは、一定部署にあって監視するのを本来の業務とし常態として身体又は精神緊張の少ない労働をいうとされている（昭和22年9月13日発基17号）。「断続的労働」とは、休憩時間は少ないが手持時間が多い労働をいうとされている（昭和22年9月13日発基17号）。ビル警備員、守衛、小中学校の用務員、役員専属自動車運転者、マンション管理人等が、これらに該当する可能性を有する（平成5年2月24日基発110号等）。

いずれも行政官庁の許可を受けることが要求されており、行政官庁の許可は適用除外の効力発生要件である（菅野494頁）。

カ　高度プロフェッショナル制度

ⅰ　概要

　事業場の労使委員会が委員の5分の4以上の多数による議決により法所定の事項に関する決議をし、かつ、使用者が当該決議を行政官庁に届け出た場合において、決議に掲げる対象労働者であって書面その他の方法によりその同意を得た者を当該事業場における決議に掲げる対象業務につかせたときは、労基法上の労働時間、休憩、休日及び深夜の割増賃金に関する規定は、対象労働者については適用しない（同法41条の2第1項本文）。労働時間、休憩及び休日に関する規定のみならず、深夜労働の割増賃金に関する規定も適用されない。

　本書が対象とする中小企業、特に小規模な事業者において採用されることが多いとは思われないが、いわゆる働き方改革関連の法改正により新たに設けられた適用除外事由であり（第2章❷3参照）、制度の存在と概要についてはおさえておくべきであろう。

ⅱ　要件

（ⅰ）労使委員会の決議（労基法41条の2第1項本文）

　事業場の労使委員会が委員の5分の4以上の多数による議決により、①対象業務（高度の専門的知識等を必要とし、その性質上従事した時間と従事して得た成果との関連性が通常高くないと認められるものとして厚生労働省令で定める業務であることを要する）、②対象労働者の範囲（賃金の額が基準年間平均給与額の3倍の額を相当程度上回る水準として厚生労働省令で定める額（1075万円）以上であることを要する）、③健康管理時間の把握、④1年間を通じ104日以上かつ4週間を通じ4日以上の休日の付与、⑤働きすぎ防止措置、⑥健康・福祉確保措置、⑦対象労働者による同意の撤回に関する手続、⑧苦情処理、⑨同意をしなかった対象労働者に対して解雇その他不利益な取扱いをしてはならないこと、⑩その他厚生労働省令で定める事項（労基則34条の2第15項）に関する決議をすることを要する。

（ⅱ）決議の労働基準監督署長への届出（労基法41条の2第1項本文）

（ⅲ）対象労働者の同意

（2）労働時間の特例

商業（労基法別表1の8号）、映画・演劇業（同10号、映画の製作は除く）、保健衛生業（同13号）及び接客業（同14号）のうち常時10人未満の労働者を使用するものについては、1週間について44時間まで、1日について8時間まで労働させることができる（同法40条1項、労基則25条の2第1項）。ただし、18歳に満たない者については、この例外は適用されない（労基法60条1項）。

使用者の事業が上記事業のいずれかに該当し、かつ、常時10人未満の労働者を使用している場合には、週40時間を超過した部分の割増賃金請求に対し、44時間以内の部分は割増賃金請求権が発生しないことになるので、権利発生障害の抗弁として主張できる。

（3）変形労働時間制（Q13）

ア　種類

変形労働時間制とは、単位となる期間内において所定労働時間を平均して週法定労働時間を超えなければ、期間内の一部の日又は週において所定労働時間が1日又は1週の法定労働時間を超えても、所定労働時間の限度で法定労働時間を超えたとの取扱いをされない制度である（菅野525頁）。労基法上、1か月以内の期間の変形労働時間制、1年以内の期間の変形労働時間制及び1週間単位の非定型的変形労働時間制の3類型が認められている。

変形労働時間制を根拠として時間外労働の存在を否定しようとする使用者は、各変形労働時間制の要件に該当する事実を主張し、立証することを要する。

イ　1か月以内の期間の変形労働時間制

使用者は、事業場の過半数労働組合（これがない場合は過半数代表者）との労使協定又は就業規則その他これに準ずるものにより、1か月以内の一定期間を平均し1週間あたりの労働時間が週の法定労働時間（40時間、特例事業では44時間（労基則25条の2第2項））を超えない定めをした場合には、その定めにより、特定された週において1週の法定労働時間（40

時間、特例事業では44時間）を、また特定された日において1日の法定労働時間（8時間）を超えて労働させることができる（労基法32条の2第1項）。

ウ　1年以内の期間の変形労働時間制

使用者は、事業場の労使協定により、1か月を超え1年以内の一定期間を平均して1週間あたりの労働時間が40時間を超えない定めをした場合には、特定された週において1週の法定労働時間（40時間）を、また特定された日において1日の法定労働時間（8時間）を超えて労働させることができる（労基法32条の4第1項）。

特例事業であっても、週40時間平均としなければならない（労基則25条の2第4項）。

エ　1週間単位の非定型的変形労働時間制

使用者は、日ごとの業務に著しい繁閑の差が生ずることが多く、かつ、これを予測したうえで就業規則その他これに準ずるものにより各日の労働時間を特定することが困難であると認められる小売業、旅館、料理店及び飲食店の事業であって、常時使用する労働者の数が30人未満のものに従事する労働者については、労働者の過半数で組織する労働組合又は労働者の過半数を代表する者との書面による協定があるときは、1日について10時間まで労働させることができる（労基法32条の5第1項、労基則12条の5第1項・第2項）。

上記の特例事業であっても、週40時間平均としなければならない（労基則25条の2第4項）。

（4）フレックスタイム制（Q14）

使用者は、就業規則その他これに準ずるものにより、始業及び終業の時刻を労働者の決定に委ねることとした労働者については、事業場の労使協定で定められた清算期間を平均し1週間あたりの労働時間が法定労働時間（40時間、特例事業では44時間（労基則25条の2第3項））を超えない範囲内（かつ、清算期間が1か月を超える場合は区分期間ごとに平均し週50時間を超えない範囲内）において、1週間において40時間（特例事業では44時間）を、1日において8時間を超えて労働させることができる（労基

法32条の3第1項・第2項)。

（5）みなし労働時間

　みなし労働時間とは、労基法上、実際の労働時間にかかわらず、一定の時間労働したものとみなす制度における労働時間とみなされる時間のことである。労基法は実労働時間により労働時間を算定することを原則としているところ、みなし労働時間によるときは、実労働時間の算定が不要となり、みなされた労働時間が法定労働時間内であれば、時間外労働とはならず、法定労働時間を超える場合でも、みなし労働時間中の法定労働時間を超える時間のみが時間外労働となる。

　労基法上、みなし労働時間が適用される場合として、事業場外労働と裁量労働制が規定されている。

　なお、みなし労働時間による場合でも、休日労働及び深夜労働に関する規制は適用されるので、休日、深夜の労働には、それぞれの割増賃金の支払が必要となる。

ア　事業場外労働（Q15）

　労働者が労働時間の全部又は一部について事業場外で業務に従事した場合において、労働時間を算定し難いときは、所定労働時間労働したものとみなす（労基法38条の2第1項本文）。

　実労働時間の算定が困難であることから、労働時間をみなすことにより、実労働時間による算定を不要とするものである。みなし労働時間を援用する使用者は、事業場外労働によるみなし制が適用になる要件に該当する事実に加え、所定労働時間を主張・立証することになる。

　これに対し、当該業務を遂行するためには通常所定労働時間を超えて労働することが必要となる場合においては、当該業務の遂行に通常必要とされる時間労働したものとみなされる（労基法38条の2第1項但書）。当該業務を遂行するためには通常所定労働時間を超えて労働することが必要になるとして、当該業務の遂行に通常必要とされる時間を労働時間とする旨の主張は、当初の実労働時間に基づく労働時間の主張を復活させるものではなく、これとは別個の請求原因となり（佐々木156頁）、使用者のみな

し制に関する抗弁を前提とした予備的請求原因に位置付けられる（白石98頁）。

　当該業務を遂行するためには通常所定労働時間を超えて労働することが必要となる場合に、事業場の労使協定があるときは、その協定で定める時間を当該業務の遂行に通常必要とされる時間とする（労基法38条の2第2項）。

　なお、常態としての事業場外労働（取材記者、外勤営業社員等など）のみならず、臨時的な事業場外労働（出張など）を含み、労働時間の全部を事業場外で労働する場合のみならず、その一部を事業場外で労働する場合も含まれる（菅野542頁）。

イ　裁量労働制（Q16）

i　趣旨

　性質上その遂行の方法を労働者の裁量に委ねる必要がある法所定の業務について、労使協定等でみなし労働時間数を定めた場合には、実際の労働時間数に関わりなく協定等で定める時間数労働したものと「みなす」ことができる制度である（菅野545頁）。

　裁量労働制の適用が認められると、労働者の労働時間はみなされた時間数となることから、実労働時間の主張は意味を持たなくなる。あらかじめ定めた労働時間が法定労働時間以内であれば、裁量労働制の主張は全部抗弁としての機能を果たし、あらかじめ定めた労働時間が法定労働時間を超えるものであれば、一部抗弁としての機能を持つことになる（佐々木164頁）。

ii　専門業務型裁量労働

　使用者が、事業場の労使協定により、法所定の事項を定めた場合において、労働者を、業務の性質上その遂行の方法を大幅に当該業務に従事する労働者の裁量に委ねる必要があるため、当該業務の遂行の手段及び時間配分の決定等に関し使用者が具体的な指示をすることが困難なものとして厚生労働省令で定める業務（対象業務）に就かせたときは、当該労働者は、労使協定に掲げる時間労働したものとみなす（労基法38条の3第1項）。

iii　企画業務型裁量労働

　事業場の労使委員会において、委員の5分の4以上の多数による議決により法所定の事項に関する決議をし、かつ、使用者が、厚生労働省令で定めるところにより当該決議を行政官庁に届け出た場合において、決議に掲げる対象労働者を決議に掲げる業務に就かせたときは、当該労働者は、決議に掲げる時間労働したものとみなす（労基法38条の4第1項）。

3　休日労働に対する権利発生障害の抗弁

　時間外労働に対する場合と同様、「適用除外」に該当する事実が権利発生障害の抗弁となるほか、休日労働に特有の抗弁として、「変形休日制」「振替休日」に関する主張がある。

　なお、時間外労働における「特例事業」「変形労働時間制」「フレックスタイム制」「みなし労働時間」に関する主張は、休日労働に対する抗弁としては機能せず、これらに該当する事実が認められる場合でも、休日労働に対する割増賃金は発生する。

（1）変形週休制

　法定の週1回の休日（労基法35条1項）は、4週間を通じ4日以上の休日を与える場合には適用されない（同条2項）。ただし、就業規則その他これに準ずるものにおいて、同条でいう「4週間」の起算日を明らかにしなければならない（労基則12条の2第2項）。

（2）休日振替（Q17）

　就業規則上休日と定められた特定の日を労働日に変更し、代わりにその前後の労働日である特定の日を休日に変更することであり、あらかじめ振替休日の日を指定したうえで特定の休日を労働日とする事前の振替（狭義の休日振替）と休日に労働させた後に代休日を与える事後の振替とがある（菅野489頁）。

　事前の振替については、①労働契約上の根拠を必要とし、労働協約や就業規則上、業務の必要により就業規則で定める休日を他の日に振り替える

ことができる旨を定める規定が存在し、それに従って行われて初めて有効である。このような規定が存在しない場合には、労働者の個別的同意を得て初めて行うことが許される。また、②労基法の1週1日の休日の要件をみたさなければならない（菅野489頁）。これらの要件がみたされた場合には、当初の休日は休日とはならないので、当該日の労働は休日労働とはならず、労働者からの休日労働に対する割増賃金請求に対する抗弁として機能する。なお、事前の振替により当該週の労働時間が40時間を超えた場合には時間外労働となり、割増賃金を支払う必要がある。

　事後の振替についても、労働契約上の根拠を必要とする点は事前の振替と同じであるが、就業規則上定められた休日が休日たる性格を変更させないまま労働日として使用されたことになる（菅野490頁）。当該休日が法定の休日であった場合には、休日労働に対する割増賃金の支払を要し、抗弁としては機能しない。

4　深夜労働に対する権利発生障害の抗弁

　高度プロフェッショナル制度（前記2(1)カ）の対象労働者には深夜労働の規制も適用されないため、同制度は抗弁として機能するが、他の「適用除外」に関する主張は深夜労働の割増賃金請求に対しては抗弁としては機能しない（前掲ことぶき事件）。

　なお、労働協約、就業規則その他によって深夜労働の割増賃金を含めて所定賃金が定められていることが明らかな場合には、別に深夜労働の割増賃金を支払う必要はないとの行政解釈がある（昭和63年3月14日基発150号）。　　　　　　　　　　　　　　　　　　　　　　　　（狩倉博之）

Q12 管理監督者

> 管理職の地位にある労働者は、職務の性質上、労基法上の法定労働時間を超えて勤務しているのですが、同法の労働時間、休憩及び休日に関する規定は適用されるのでしょうか。

A 管理職の地位にある者も、労働者である限りは労基法の労働時間、休憩及び休日に関する規定が適用されるのが原則である。もっとも、当該労働者が「監督若しくは管理の地位にある者」に該当する場合は、同法の労働時間、休憩及び休日に関する規定の適用が除外されることになる（同法41条2号）。

「監督若しくは管理の地位にある者」とは、労働条件の決定その他労務管理について経営者と一体的立場にある者をいうとされ、裁判実務上、①その職務や責任からみた労務管理上の使用者との一体性（職責）、②その勤務態様として自らの勤務時間を自主的・裁量的に決定していること（時間管理）、③賃金・手当等の面でその地位にふさわしい待遇を受けていること（待遇）の3点が考慮要素とされているが、裁判所の判断は厳格になされている。

解説

1 管理監督者の意義

労基法41条2号は、「監督若しくは管理の地位にある者」（以下「管理監督者」という。）に該当する労働者につき、労働時間、休憩及び休日に関する規定を適用しないと定めている。同号の趣旨は、管理監督者が、経営者と一体的な立場にあり、重要な職務と権限を付与され、同法所定の労働時間等の枠を超えて労働すべき企業経営上の必要があり、また、賃金等の待遇やその勤務体系において地位に応じた待遇を受けるため、労働時間等に関する規定の適用を除外されても、当該労働者の保護に欠けるところが

ないことにあるとされている（神代学園ミューズ音楽院事件・東京高判平成17年3月30日労判905号72頁、日本マクドナルド事件・東京地判平成20年1月28日判時1998号149頁）。

　よって、管理監督者に該当する労働者からの残業代請求に対しては、使用者は、当該労働者が管理監督者に該当することを主張・立証することで、その支払義務を否定することができる。かかる主張は権利発生障害の抗弁と位置付けられる。

　なお、管理監督者に該当する労働者であっても深夜割増賃金の支払対象となることには注意を要する（ことぶき事件・最判平成21年12月18日集民232号825頁）。

② 管理監督者に該当するかの判断要素

　行政解釈上、管理監督者とは、労働条件の決定その他労務管理について経営者と一体的立場にある者をいい、名称にとらわれず、実態に即して判断すべきとされている（昭和22年9月13日発基17号、昭和63年3月14日基発150号）。

　裁判実務上、管理監督者への該当性の判断要素は、①その職務や責任からみた労務管理上の使用者との一体性（職責）、②その勤務態様として自らの勤務時間を自主的・裁量的に決定していること（時間管理）、③賃金・手当等の面でその地位にふさわしい待遇を受けていること（待遇）の3点であるとされている（水町666頁）。③において述べるとおり、裁判例は、労働者保護の観点から、労働時間等に関する規定の適用の除外を制限するため、管理監督者への該当性を厳格に解する傾向にある。

③ 管理監督者の該当性に関する裁判例

　管理監督者への該当性を否定した裁判例は多数存在するが、労働者が経営や労務管理等に関する権限を有するものの、企業全体の経営へ関与していないことを否定理由としたもの（前掲日本マクドナルド事件、シン・コーポレーション事件・大阪地判平成21年6月12日労判988号28頁、シーディーシー事件・山形地判平成23年5月25日労判1034号47頁等）、労働者が労

務管理に関与しているものの、実際は自身の労働時間について裁量権がなく、経営者と一体的立場にあるとはいえないことを否定理由としたもの（日本コンベンションサービス事件・大阪高判平成12年6月30日労判792号103頁、東建ジオテック事件・東京地判平成14年3月28日労判827号74頁等）、労働者が使用者により労働時間の管理をされていなくても、実際上残業が余儀なくされる常態にあり、出退勤の自由がないことを否定理由としたもの（前掲日本コンベンションサービス事件）、労働者が使用者の指示を受け、事実上労働時間を管理されていたことを否定理由としたもの（前掲東建ジオテック事件）等がある。

　これに対し、該当性が肯定された裁判例としては、看護婦の募集業務全般につき権限を与えられ、実質上自己の労働時間について自由裁量があり、役職手当を支給されている医療法人の人事課長（徳洲会事件・大阪地判昭和62年3月31日労判497号65頁）、経営協議会のメンバーであり、多数の乗務員を直接指導監督し、乗務員の採否にも有用な役割を果たしており、出退勤時間について特段の制限を受けておらず、待遇も従業員で最高額を得ていたタクシー会社の営業次長（姪浜タクシー事件・福岡地判平成19年4月26日労判948号41頁）、30名以上の部下を統括する地位にあり、会社全体から見ても事業経営上重要な上位の職責を担い、支店の部下を指導監督する権限や実質的に一定の人事権を有しており、自己の出欠勤の有無や労働時間について使用者による管理を受けず、高額の職責手当が支給されていた証券会社の支店長（日本ファースト証券事件・大阪地判平成20年2月8日労経速1998号3頁）、複数のスポーツクラブを配下とする担当エリアの全体を統括する立場にあって、実際に労務管理、人事等の機密事項に接して一定の裁量を有しており、地位に応じた十分な待遇を受け、自己の裁量で自由に勤務していたスポーツクラブのエリアディレクター（セントラルスポーツ事件・京都地判平成24年4月17日労判1058号69頁）、取締役会等の重要な会議への出席が可能で、実際に業務で果たした役割等からすれば、会社の意思決定に一定程度参画していたといえ、人事考課の権限はないが、労務管理を行う権限を一定程度有しており、自己の労働時間について広い裁量を有し、一般従業員に比べて格段に高額の報酬を得て

いた化粧品販売イベント会社の労働者性を有する名目的な取締役（ピュアルネッサンス事件・東京地判平成24年5月16日労判1057号96頁）等がある。いずれも、①その職務や責任からみた労務管理上の使用者との一体性（職責）、②その勤務態様として自らの勤務時間を自主的・裁量的に決定していること（時間管理）、③賃金・手当等の面でその地位にふさわしい待遇を受けていること（待遇）の各要素がかなり高度に認められる事案であることに注意を要する。　　　　　　　　　　　　　　　　（笹岡亮祐）

Q13 変形労働時間制

労働者からの割増賃金請求に対し、使用者において「当該労働者には変形労働時間制を適用していた」と主張することは、法的にどのような意味を持つのでしょうか。

A 変形労働時間制は、一定の期間（1か月以内、1年以内又は1週間）において、平均して1週あたりの法定労働時間を超えない範囲内で、1週又は1日の法定労働時間を超えて労働させることを可能とする制度である。

使用者による変形労働時間制適用の主張は、労働者からの割増賃金請求に対する権利発生障害の抗弁として機能する。

解説

1 変形労働時間制とは

変形労働時間制は、繁忙・閑散期のある業種や交替制労働をとる業種などにおいて、一定期間を平均して週の法定労働時間の範囲内で、各日、各週の労働時間を法定労働時間を超える時間とすることを可能にして労働時間を弾力化し、業務の繁閑に応じた労働時間の配分等を行うことによって労働時間を短縮することを目的として導入された制度である（昭和63年1月1日基発1号）。

使用者による変形労働時間制の主張は、一定の期間において、平均して1週あたりの法定労働時間を超えない範囲で、1週又は1日の法定労働時間を超えていることによる労働者からの割増賃金請求に対する抗弁として機能するため、時間外労働による割増賃金の発生を否定する使用者においては、適用する変形労働時間制の種類に応じて、以下に述べる要件の充足を主張する必要がある（白石72頁）。

なお、休日労働又は深夜労働の割増賃金請求に対しては、変形労働時間

制が適用される場合も、使用者は、労基法37条に基づき割増賃金支払義務を負う（白石72頁）。

② 1か月以内の期間の変形労働時間制

（1）意義

使用者は、労働者の過半数代表者等との労使協定又は就業規則その他これに準ずるものにより、1か月以内の一定期間を平均し1週間あたりの労働時間が週40時間（特例事業においては週44時間）を超えない定めをしたときは、その定めにより、特定された週において週の法定労働時間又は特定された日において1日の法定労働時間を超えて、労働させることができる（労基法32条の2）。

（2）要件

ア 労使協定又は就業規則の規定

当該事業場に労働者の過半数で組織する労働組合がある場合においてはその労働組合、労働者の過半数で組織する労働組合がない場合においては労働者の過半数を代表する者との書面による協定（以下「労使協定」という。）又は就業規則その他これに準ずるものにより、1か月以内の一定の期間を平均し1週間あたりの労働時間が法定労働時間を超えない定めをすることを要する（労基法32条の2第1項）。

就業規則に準ずるものによることは、就業規則の作成義務を負う常時10人以上の労働者を使用する使用者（同法89条）以外の使用者の場合にのみ認められる。

労使協定又は就業規則では、変形制の単位期間（1か月以内の一定の期間）の起算日を明らかにしなければならない（労基則12条の2第1項）。

単位期間における各日、各週の労働時間を具体的に定めることを要し、変形期間を平均して週40時間の範囲内であっても使用者が業務の都合によって任意に労働時間を変更するような制度は違法とされる（昭和63年1月1日基発1号）。業務の実態上、就業規則又は労使協定による特定が困難な場合には、変形制の基本事項（変形の期間、各直勤務の始業終業時刻、

各直勤務の組合せの考え方、勤務割表の作成手続・周知方法など）を就業規則又は労使協定で定めたうえ、各人の各日の労働時間を例えば1か月ごとに勤務割表によって特定していくことが認められる（昭和63年3月14日基発150号）。

特例事業（労基法40条1項、労基則25条の2第1項）では、1週間あたりの法定労働時間を44時間として変形制を定めることができる（労基則同条第2項）。

労使協定は所轄の労働基準監督署長に届け出ることを要する（労基法32条の2第2項、労基則12条の2の2第2項）が、変形労働時間制の有効要件（効力発生要件）ではない（水町692頁）。

イ　労働契約上の根拠規定

労使協定は私法上の権利義務を設定する効力が認められないため、労使協定による場合は、労働協約、就業規則、労働契約などに契約上の根拠となる定めを置く必要がある（水町693頁）。

（3）時間外労働となる時間

①8時間を超える所定労働時間を定めた日はその所定時間を、それ以外の日は8時間を超えて労働させた時間

②40時間を超える所定時間を定めた週はその所定時間を、それ以外の週は40時間を超えて労働させた時間（①の時間外労働時間を除く）

③単位期間の総労働時間のうち同期間の法定労働時間の総枠を超える労働時間（①②の時間外労働を除く）

③ 1年以内の期間の変形労働時間制

（1）意義

使用者は、労使協定により、1か月を超え1年以内の間で定めた一定の期間を平均し1週間あたりの労働時間が40時間を超えない定めをしたときは、その定めにより、特定された週において週の法定労働時間又は特定された日において1日の法定労働時間を超えて、労働させることができる（労基法32条の4）。

（2）要件

ア　労使協定の規定

当該事業場の労使協定により、次に掲げる事項を定めることを要する（労基法32条の4第1項）。

①変形制の対象となる労働者の範囲

②対象期間

1か月を超え1年以内の期間に限る。

対象期間の起算日を明らかにしなければならない（労基則12条の2第1項）。

③特定期間（対象期間中の特に業務が繁忙な期間をいう）

④対象期間における労働日及び当該労働日ごとの労働時間

ただし、対象期間を1か月以上の期間ごとに区分することとした場合においては、最初の区分期間における労働日及び当該労働日ごとの労働時間を定め、その他の各期間における労働日数及び総労働時間を定めておくことでもよい。この場合、使用者は、各区分期間が開始する30日前までに、労働者の過半数で組織する労働組合又は労働者の過半数を代表する者の同意を得て、当該各期間における労働日及び労働日ごとの労働時間を定めなければならない（労基法32条の4第2項）。

1日の労働時間の限度は10時間、1週間の労働時間の限度は52時間とされる（労基則12条の4第4項）。また、連続労働日数の限度は6日とされるが、特定期間における限度は1週間に1日の休日が確保できる日数（最長12日）とされる（労基則12条の4第5項）。

⑤有効期間（労基則12条の4第1項）

⑥対象期間が3か月を超える場合の要件

・労働日数

1年あたり280日以下（労基則12条の4第3項）

・労働時間が48時間を超える週

連続3週以下で、3か月ごとに区分した各期間において3週以下（労基則12条の4第4項）

労使協定は所轄労働基準監督署長に届け出ることを要する（労基法32条の4第4項、労基則12条の4第6項）が、変形労働時間制の有効要件（効力発生要件）ではない（水町695頁）。

イ　労働契約上の根拠規定

労使協定の締結は、変形制を労基法上適法ならしめる効果を持つにすぎないので、労働契約上有効にするには、就業規則又は労働協約において労使協定と同様の規定を設けることが必要である（菅野532頁）。

（3）時間外労働となる時間

①8時間を超える所定労働時間を定めた日はその所定時間を、それ以外の日は8時間を超えて労働させた時間

②40時間を超える所定時間を定めた週はその所定時間を、それ以外の週は40時間を超えて労働させた時間（①の時間外労働時間を除く）

③単位期間の総労働時間のうち同期間の法定労働時間の総枠を超える労働時間（①②の時間外労働を除く）

（4）期間途中の採用及び退職

平成10年の労基法改正により、1年単位の変形労働時間制の途中で採用された労働者や、途中で退職した労働者についても、変形制に組み込むことができるようになった。

この場合において、使用者は、労働者が実際にその変形制のもとに組み込まれて労働した期間について、週40時間平均で計算した労働時間の総枠を超えて労働させた時間分について、時間外労働に対する割増賃金を支払うこととなる。

4 1週間単位の非定型的変形労働時間制

（1）意義

使用者は、日ごとの業務に著しい繁閑の差が生ずることが多く、かつ、これを予測したうえで各日の労働時間を特定することが困難であると認められる事業であって、常時使用する労働者の数が厚生労働省令で定める数

未満のものに従事する労働者に対しては、1日の法定労働時間を超えて、1日10時間まで労働させることができる（労基法32条の5）。

　この1週間単位の非定型的変形労働時間制は、小売業、旅館、料理店及び飲食店のうち、常用労働者が30人未満の事業に適用される（労基則12条の5第1項・第2項）。

　また、上記の特例事業であっても、週40時間平均としなければならない（同規則25条の2第4項）。

（2）要件

ア　労使協定の規定

　週の所定労働時間を示したうえ、1週間単位の非定型の変形労働時間制をとるというものでよく（菅野534頁）、あらかじめ各日の所定労働時間を特定しておくことは求められていない。

　労使協定は所轄労働基準監督署長に届け出ることを要する（労基法32条の5第3項、労基則12条の5第4項）が、変形労働時間制の有効要件（効力発生要件）ではない（水町698頁）。

イ　各日の労働時間の通知

　1週間の各日の労働時間をあらかじめ労働者に通知しなければならない（労基法32条の5第2項）。

　通知は、当該1週間の開始する前に、書面により行わなければならない。ただし、緊急でやむを得ない事由がある場合には、あらかじめ通知した労働時間を変更しようとする日の前日までに書面により通知することにより、あらかじめ通知した労働時間を変更することができる（労基則12条の5第3項）。

ウ　労働契約上の根拠規定

　労使協定には私法上の権利義務を設定する効力は認められないため、就業規則等に契約上の根拠となる定めを置く必要がある（水町698頁・699頁）。

（3）時間外労働となる時間

①8時間を超える所定労働時間が通知された日については通知された時間（10時間を超えて通知された場合は10時間）を、8時間以下の所定労働時間が通知された日については8時間を超える労働時間

②週40時間（特例事業であっても40時間。労基則25条の2第4項）を超える労働時間（①の時間外労働を除く）　　　　　　　（伊藤安耶）

Q14 フレックスタイム制

フレックスタイム制が適用されている労働者から、労働時間が1日8時間を超えた日の8時間を超える労働時間について、時間外労働として割増賃金の請求を受けています。この割増賃金は支払わなければならないのでしょうか。

A フレックスタイム制が適用されている労働者に対しては、1週又は1日の法定労働時間を超えて労働した場合であっても、清算期間における法定労働時間の総枠を超えない限り、割増賃金の支払義務を負わない。

ただし、清算期間が1か月を超える場合には、1か月ごとの労働時間が週平均50時間を超える場合には割増賃金の支払義務を負う。

解説

① フレックスタイム制とは

フレックスタイム制とは、労働者が3か月以内の一定の期間（清算期間）の中で一定時間数労働することを条件として、1日の労働時間を自己の選択する時に開始し、かつ終了できる制度で、清算期間を平均し週法定労働時間を超えない範囲において、1週又は1日の法定労働時間を超えて労働させることができる（労基法32条の3第1項）。

労働者が日々の始業・終業時刻、労働時間を自ら選択して働くことにより、仕事と生活の調和を図りながら効率的に働くことを可能とし、労働時間を短縮することを趣旨とする（昭和63年1月1日基発1号）。

使用者によるフレックスタイム制の主張は、清算期間を平均し週法定労働時間を超えない範囲で、1週又は1日の法定労働時間を超えていることによる労働者からの割増賃金請求に対する抗弁として機能する。時間外労働による割増賃金の発生を否定する使用者においては、以下に述べる要件

に該当する事実を主張・立証する必要がある。

2 要件（労基法32条の3第1項）

（1）就業規則の規定

就業規則（10人未満の事業では、これに準ずるもの）により、始業及び終業の時刻を労働者の決定に委ねることを定める。

（2）労使協定の締結

事業場に過半数労働組合がある場合は当該組合、これがない場合は過半数代表者との間の協定（労使協定）において、次の各事項を定める必要がある。

①フレックスタイム制の対象とする労働者の範囲

②3か月以内の清算期間

　　労使協定又は就業規則において期間の起算日を明らかにしなければならない（労基則12条の2第1項）。

③清算期間における総労働時間

　　清算期間を平均して週の法定労働時間（40時間（特例事業では44時間））を超えない範囲内でなければならない。

　　清算期間が1か月を超える場合には、清算期間の開始日以後1か月ごとに区分した区分期間ごとに平均して週50時間を超えない範囲内でなければならない（労基法32条の3第2項）。

④労基則12条の3第1項で定める事項

・標準となる1日の労働時間

・労働者が労働しなければならない時間帯（コアタイム）を定める場合には、その時間帯の開始及び終了の時刻

・労働者がその選択により労働することができる時間帯（フレキシブルタイム）に制限を設ける場合には、その時間帯の開始及び終了の時刻

・清算期間が1か月を超える場合には、協定の有効期間の定め

フレキシブルタイムが極端に短い場合や、コアタイムの時間帯と標準となる１日の労働時間がほぼ一致している場合等については、基本的には、始業及び終業の時刻を労働者に委ねたことにはならない（昭和63年1月1日基発1号、平成11年3月31日基発168号）。また、コアタイムの時間を除き、労働者の個別同意なくしてある時刻までの出勤や居残りを命じることはできない（山川隆一「フレックスタイム制の運用状況と法的課題」季刊労働法162号29頁）。

　なお、清算期間が1か月を超える場合には、労使協定は所轄労働基準監督署長に届け出ることが必要である（労基法32条の3第4項、労基則12条の3第2項）が、フレックスタイム制の有効要件（効力発生要件）ではないと考える。

（3）労働契約上の根拠規定

　労使協定はフレックスタイム制を労基法上適法とする効果を持つにすぎず、同制度を労働契約上のものとするには労働協約、就業規則の定め又は個別労働契約上の合意を必要とする（菅野540頁）。

③ 時間外労働となる時間

　清算期間における労働時間の合計が清算期間における法定労働時間の枠（平均して週40時間（特例事業の場合44時間））を超えた場合の超えた時間が、時間外労働となる。

　清算期間が1か月を超える場合には、区分期間ごと平均して週50時間を超えた場合の超えた時間も時間外労働となる。この点、清算期間の途中であっても当該期間に対応した賃金支払日に割増賃金を支払わなければならない（平成30年12月28日基発1228第15号）。

　なお、フレックスタイム制は、あくまでも始業・終業時刻のみを労働者の自主決定に委ねる制度であり、休日、深夜業等に関する労働時間規制の適用を否定するものではなく、使用者は休日・深夜労働との関係では、割増賃金の支払義務を負う。

4 労働時間の過不足の繰越

　ある清算期間における総労働時間の超過分を次の清算期間に繰り越すことは、①超過労働時間が当該清算期間の法定労働時間の総枠を超える時間外労働の場合には、割増賃金を支払わなければならないため、繰越は許されない。②超過労働時間が当該清算期間の法定労働時間の総枠を超えない場合についても、行政解釈は、当該清算期間に有効に発生した賃金を支払わないことになり、賃金全額払いの原則（労基法24条）に反して許されないとする（昭和63年1月1日基発1号）。

　他方、総労働時間に不足する分を次の清算期間に繰り越すことは、労基法24条には違反しないとする行政解釈があるが（昭和63年1月1日基発1号）、学説上争いがある。　　　　　　　　　　　　　　　　　　　（伊藤安耶）

Q15 事業場外みなし労働

　事業場外で業務に従事する外回りセールス員から、実労働時間に基づいて割増賃金請求を受けています。当該労働者には事業場外みなし労働制を適用しているのですが、実労働時間に基づいて割増賃金を支払わなければならないのでしょうか。

A　「労働時間を算定し難いとき」（労基法38条の2）に該当し、事業場外みなし労働が適用される場合には、実労働時間にかかわらず、一定時間労働したものとみなされる。原則として所定労働時間労働したものとみなされ、使用者は実労働時間に応じた割増賃金を支払う必要はないが、当該業務を遂行するためには通常所定労働時間を超えて労働することが必要となる場合には、当該業務に通常要する時間労働したものとみなされ、割増賃金を支払うべき場合がある。

　なお、休日ないし深夜に労働させた場合には、休日労働及び深夜労働に対する割増賃金の支払義務が生じる。

解説

1 事業場外みなし労働とは

　事業場外みなし労働とは、事業場外で労働する場合で、使用者の具体的な指揮監督が及ばず、労働時間の算定が困難な場合において、一定時間労働したものとみなす（当該時間を労働時間とみなす）制度である。

　実労働時間にかかわらず、みなされた労働時間にしたがって時間外労働の有無が決定されることから、使用者による事業場外みなし労働の主張は、労働者からの実労働時間に基づく割増賃金請求に対し、割増賃金請求権の全部又は一部の発生を否定する抗弁として機能する（白石92頁）。

② 要件

（1）事業場外で業務に従事すること

「事業場」とは、労使協定の締結単位や就業規則の適用単位とは必ずしも一致しない。

外回りセールス、取材記者、タクシー等の乗務員など常態的な事業場外労働の場合だけでなく、出張など臨時的な事業場外労働の場合にも利用可能であり、また、労働時間の一部について事業場外で業務に従事する場合でもよい。

（2）労働時間を算定しがたいとき

一般的には、労働態様のゆえに「労働時間を十分に把握できるほどには使用者の具体的指揮監督を及ぼしえない場合」をいい（菅野542頁）、労働者が事業場外で業務に従事する場合であっても、使用者の具体的な指揮監督が及んでいる場合については、労働時間の算定が可能であるので、みなし労働時間は適用できない。

行政解釈は、①何人かのグループで事業場外労働に従事する場合で、そのメンバーの中に労働時間の管理をする者がいる場合、②事業場外で業務に従事するが、無線やポケットベル等によって随時使用者の指示を受けながら労働している場合、③事業場において、訪問先、帰社時刻等当日の業務の具体的指示を受けた後、事業場外で指示どおりに業務に従事し、その後事業場に戻る場合を労働時間の算定が可能な具体的例としてあげている（昭和63年1月1日基発1号）。また、テレワークについては、①当該業務が起居寝食等私生活を営む自宅で行われること、②当該情報通信機器が使用者の指示により常時通信可能な状態におくこととされていないこと、③当該業務が随時使用者の具体的な指示に基づいて行われていないことのいずれの要件もみたす形態で行われる場合には、労基法38条の2が規定する事業場外労働に関するみなし労働時間が適用されるものとされている（平成16年3月5日基発第0305001号、平成20年7月28日基発第0728002号）。

下級審においては、労働時間算定の困難性の判断にあたって、労働者が使用者の指揮監督下にあるかどうかを重視するものもみられるが、阪急ト

ラベルサポート（派遣添乗員・第2）事件・最判平成26年1月24日労判1088号5頁は、募集型の企画旅行における添乗員の添乗業務について、勤務の状況を具体的に把握することが困難であったとは認めがたく、「労働時間を算定し難いとき」にあたるとはいえないと判示しており、使用者の指揮監督下にあるといえるか否かを基準としているというよりは、端的に、使用者にとって労働時間を把握することが困難といえるか否かを判断しているように解される（佐々木158頁）。

下級審における適用否定例として、レイズ事件・東京地判平成22年10月27日労判1021号39頁、ワールドビジョン事件・東京地判平成24年10月30日労判1090号87頁などがあり、適用肯定例として、ロフテム事件・東京地判平成23年2月23日労経速2103号28頁、ヒロセ電機事件・東京地判平成25年5月22日労判1095号63頁などがあるが、判例・裁判例においては、その該当性は厳格に判断されており、「労働時間を算定し難いとき」にあたることが認められた裁判例は比較的少数である（佐々木158頁）。

3 事業場外みなし労働における労働時間の算定方法

事業場外みなし労働が適用になる場合、原則として、①「所定労働時間」労働したものとみなされ（労基法38条の2第1項本文）、時間外労働による割増賃金は発生しないが、労働者が当該業務を遂行するためには、通常、所定労働時間を超えて労働することが必要である場合には、②通常の状態で当該業務を遂行するために客観的に必要とされる時間労働したものとみなされ（同項但書）、使用者は法定労働時間を超過した時間分に応じた割増賃金を支払う必要がある。たとえば、所定労働時間が8時間であるが、当該業務に通常必要とされる労働時間が9時間の場合には、9時間労働したものとみなされ、1時間分の割増賃金が発生する。

②における当該業務の遂行に通常必要とされる時間については、その認定が困難な場合が少なくないところ、業務の実態を最もよく理解している労使間で、その実態を踏まえて協議をしたうえで決めることが適当であることから、③労使協定が締結された場合には、協定で定めた時間が労働時間とみなされ（同条2項）、使用者は法定労働時間を超過した時間分に応

じた割増賃金を支払う必要がある。

　1日の所定労働時間のうちに事業場外労働と事業場内労働の双方が存在する場合においては、上記①により、事業場内の労働時間を含めて所定労働時間労働したものとみなされるが（昭和63年3月14日基発150号）、事業場外と事業場内の各業務を合算した場合に所定労働時間を超える労働が必要な場合には、事業場内での労働時間と上記②による事業場外労働に通常必要とされる時間を合計した時間分の労働をしたこととなる。

　なお、事業場外みなし労働は、休憩時間、休日、深夜業等に関する労働時間規制の適用を否定するものではなく、使用者は休日・深夜労働との関係では、実労働時間の把握算定義務を免除されない（白石93頁）。休日ないしは深夜に労働させた場合には、使用者は、休日労働ないしは深夜労働の割増賃金の支払義務を負うこととなる。　　　　　　　　　　（伊藤安耶）

Q16 裁量労働制

裁量労働によるみなし制とは、どのような制度でしょうか。

A 法所定の業務について、労使協定又は労使委員会決議でみなし労働時間を定めた場合には、当該業務を遂行する労働者については、実労働時間に関係なく、労使協定又は労使委員会決議で定めた時間数だけ労働したものとみなす制度であり、専門業務型裁量労働制と企画業務型裁量労働制の2種類がある。

解説

1 裁量労働制とは

法所定の業務について、過半数労働者の代表者との労使協定又は労使委員会の決議でみなし労働時間を定めた場合には、当該業務を遂行する労働者については、実労働時間に関係なく、労使協定又は労使委員会決議で定めた時間数だけ労働したものとみなす制度である（菅野544頁）。

裁量労働制は、近年における技術革新、サービス経済化、情報化などの中で、労働の専門性・多様性が次第に高まるようになり、労働時間の量に着目した労働時間規制及び割増賃金規制に基づいた処遇が適当ではない労働遂行の仕方や、労働時間配分に自由な裁量を持つ労働者が増加するようになったことから、これらの労働者に適切な報酬が支払われるように創設された（菅野544頁、荒木208頁、水町710頁）。専門業務型裁量労働制（労基法38条の3）と企画業務型裁量労働制（同法38条の4）の2類型がある。

裁量労働制が適用される旨の使用者の主張は、残業代請求権の発生要件である法定労働時間を超える労働の事実があっても、労使協定又は労使委員会決議で定めた労働時間が当該労働者の労働した時間とみなされることにより、残業代請求権の全部又は一部が発生していないとの主張であり、残業代請求権の発生を障害する抗弁となる。

② 専門業務型裁量労働制

（1）概要

　使用者が、事業場の労使協定により、法所定の事項を定めた場合において、労働者を、業務の性質上その遂行の方法を大幅に当該業務に従事する労働者の裁量に委ねる必要があるため、当該業務の遂行の手段及び時間配分の決定等に関し使用者が具体的な指示をすることが困難なものとして厚生労働省令で定める業務（対象業務）に就かせたときは、当該労働者は、労使協定に掲げる時間労働したものとみなす（労基法38条の3第1項）。

（2）要件

ア　労使協定の規定（労基法38条の3第1項）

　当該事業場における労働者の過半数で組織する労働組合又は労働者の過半数を代表する者との書面による協定により、次に掲げる事項を定めなければならない。

①対象業務

　業務の性質上その遂行の方法を大幅に当該業務に従事する労働者の裁量に委ねる必要があるため、当該業務の遂行の手段及び時間配分の決定等に関し使用者が具体的な指示をすることが困難なものとして厚生労働省令で定める業務である。厚生労働省令で定める業務は次のとおりである（労基則24条の2の2第2項）。

- ・新商品若しくは新技術の研究開発又は人文科学若しくは自然科学に関する研究の業務
- ・情報処理システムの分析又は設計の業務
- ・新聞若しくは出版の事業における記事の取材若しくは編集の業務又は放送番組の制作のための取材若しくは編集の業務
- ・衣服、室内装飾、工業製品、広告等の新たなデザインの考案の業務
- ・放送番組、映画等の制作の事業におけるプロデューサー又はディレクターの業務
- ・その他厚生労働大臣の指定する業務（平成9年労働省告示7号）

コピーライター、システムコンサルタント、インテリアコーディ
ネーター、ゲーム用ソフトウェア開発、証券アナリスト、金融工学等
を用いて行う金融商品開発、大学における教授研究、公認会計士、弁
護士、建築士、不動産鑑定士、弁理士、税理士、中小企業診断士の各
業務が指定されている。

②対象業務に従事する労働者の労働時間として算定される時間（みなし
労働時間）

・1日あたりの時間数として定めるものとされる（昭和63年3月14日
基発150号、平成12年1月1日基発1号）。

③対象業務の遂行の手段及び時間配分の決定等に関し、対象業務に従事
する労働者に対し使用者が具体的な指示をしないこと

④対象業務に従事する労働者の労働時間の状況に応じた労働者の健康及
び福祉を確保するための措置を協定で定めるところにより使用者が講
ずること

⑤対象業務に従事する労働者からの苦情の処理に関する措置を協定で定
めるところにより使用者が講ずること

⑥厚生労働省令で定める事項（労基則24条の2の2第3項）

・協定の有効期間

・記録の保存に関すること

労使協定は所轄労働基準監督署長に届け出なければならない（労基法
38条の3第2項、労基則24条の2の2第4項）が、条文上適用要件とは位
置付けられていない（水町713頁）。

イ 労働契約上の根拠規定

労使協定の締結は専門業務型裁量労働制を労基法上適法とするためのも
のであり、労働契約関係において実施するためには、労働協約、就業規則
又は個別労働契約において労使協定の内容に従った規定を整える必要があ
る（菅野548頁）。

ウ 労働者個人の同意

制度適用の要件とはされていない（水町713頁）が、制度の円滑な実施

のための実際上の要件といえるとする指摘（菅野548頁）がある。裁量労働制を採用するにあたっては、労働者個人の同意を得ておくべきである。

（3）効果

本制度が適用される場合には、対象業務に従事した労働者は実労働時間にかかわらず、労使協定で定めた時間だけ労働に従事したものとみなされる。

ただし、みなし労働時間制が適用される場合でも、時間外及び休日の労働（労基法36条）並びに時間外、休日及び深夜の割増賃金（同法37条）に関する各規定の適用が排除されるわけではないので、みなし労働時間が法定労働時間を超過する場合や、休日・深夜に労働させた場合には、割増賃金が発生する。

③ 企画業務型裁量労働制

（1）概要

事業場の労使委員会において、委員の5分の4以上の多数による議決により法所定の事項に関する決議をし、かつ、使用者が、厚生労働省令で定めるところにより当該決議を行政官庁に届け出た場合において、決議に掲げる対象労働者を決議に掲げる業務に就かせたときは、当該労働者は、決議に掲げる時間労働したものとみなす（労基法38条の4第1項）。

専門業務型裁量労働制と比べて、対象業務が抽象的・概括的に設定され、その射程が幅広い代わりに、労使委員会における決議という特別の手続をとることが要件とされており、要件がより厳格になっている。

（2）要件

ア 労使委員会の決議（労基法38条の4第1項）

事業場の労使委員会が委員の5分の4以上の多数による議決により次に掲げる事項に関する決議をすることを要する。

①対象業務

　対象業務とは、事業の運営に関する事項についての企画、立案、調査及び分析の業務であって、業務の性質上これを適切に遂行するには遂行の方法を大幅に労働者の裁量に委ねる必要があるため、遂行の手段及び時間配分の決定等に関し使用者が具体的な指示をしないこととする業務をいう。

②対象労働者の範囲

　対象業務を適切に遂行するための知識、経験等を有する労働者であって、決議で定める時間労働したものとみなされることとなる者をいう。

　3年ないし5年程度の職務経験を判断の留意事項としている（「労働基準法38条の4第1項の規定により同項第1号の業務に従事する労働者の適正な労働条件の確保を図るための指針」（平成11年労働省告示149号））。

③労働時間として算定される時間（みなし労働時間）

④対象業務に従事する労働者の労働時間の状況に応じた当該労働者の健康及び福祉を確保するための措置を決議で定めるところにより使用者が講ずること

⑤対象業務に従事する労働者からの苦情の処理に関する措置を当該決議で定めるところにより使用者が講ずること

⑥使用者が、本項により労働時間をみなすことについて当該労働者の同意を得なければならないこと及び同意をしなかった労働者に対して解雇その他不利益な取扱いをしてはならないこと

⑦厚生労働省令で定める事項（労基則24条の2の3第3項）

　・決議の有効期間

　・記録の保存に関すること

イ　決議の労働基準監督署長への届出（労基法38条の4第1項）

ウ　労働契約上の根拠規定

労使委員会の決議は企画業務型裁量労働制を労基法上適法とするためのものであり、労働契約関係において実施するためには、労使委員会が設定した制度内容に従って労働協約、就業規則又は個別労働契約を整える必要

がある（菅野550頁）。

エ　対象労働者の同意

　労働者の同意を得なければならないことは決議されているが、実際には当該労働者の同意を得ていない場合の法的効果については、解釈上争いがある（水町717頁）。労働者の同意が本制度の要件となり、同意がない場合には労働時間のみなしの効果が発生しないとされる可能性があることから、本制度を採用する際には、決議に従い、必ず同意を得ておくべきである。

（3）労使委員会

　賃金、労働時間その他の当該事業場における労働条件に関する事項を調査審議し、事業主に対し当該事項について意見を述べることを目的とする委員会であり、使用者及び当該事業場の労働者を代表する者を構成員とする（労基法38条の4第1項）。

　委員の半数については、当該事業場に、労働者の過半数で組織する労働組合がある場合においてはその労働組合、労働者の過半数で組織する労働組合がない場合においては労働者の過半数を代表する者によって任期を定めて指名されなければならない（同条2項1号）。

（4）効果

　本制度が適用される場合には、対象業務に従事した労働者は、実労働時間にかかわらず、労使委員会において決議した時間だけ労働に従事したものとみなされる。ただし、みなし労働時間が適用される場合でも、時間外及び休日の労働（労基法36条）並びに時間外、休日及び深夜の割増賃金（同法37条）に関する各規定の適用が排除されるわけではないので、みなし労働時間が法定労働時間を超過する場合や、休日・深夜に労働させた場合には、割増賃金が発生する。　　　　　　　　　　　　　（石井和樹）

休日振替

> 　休日振替により、振替前の休日について休日労働に対する割増賃金を生じさせないためには、どのようにすればよいでしょうか。

A　振替前の休日について、休日労働に対する割増賃金を生じさせないためには、①休日振替について労働契約上の根拠（就業規則、労働協約又は労働者の個別同意）があること、②休日振替をする業務上の必要性があること、③事前に振替手続を行うこと、④振替後の休日が労基法35条に反しないこと（毎週1日以上又は4週4日以上の法定休日を与えること）が必要である。

解説

① 休日振替の要件

（1）労働契約上の根拠

　休日振替とは、使用者が、あらかじめ振替休日の日を指定したうえで、労働者の特定の休日を労働日とすることをいう。休日振替は、労働条件の一部である休日を変更するものであるため、使用者がこれを行うためには労働契約上の根拠が必要である。具体的には、就業規則で定める休日をあらかじめ他の日に振り替えることができる旨を定める規定が就業規則や労働協約に存在していなければならない。そのような規定が存在しない場合には、労働者の個別同意がない限り、休日振替をすることはできない。

（2）業務上の必要性

　使用者による恣意的な休日振替を防ぐため、休日振替をするための業務上の必要性がなければならないと解されている。

（3）事前の振替手続

　振替前の休日について休日労働に対する割増賃金を生じさせないためには、使用者は、振替前の休日の前日までに振替休日の日を特定したうえで休日を振り替えることが必要である。使用者がこのような事前の振替手続を行わないまま法定休日に労働させた場合には、当該労働は「休日における労働」（休日労働）にほかならず、休日労働に対する割増賃金（労基法37条）の発生を免れない。

　なお、休日振替の時期は、休日振替の根拠規定に定めがあればそれによるべきこととなるが、定めがない場合も休日振替が必要となる事由が生じた後遅滞なく、労働者の生活設計に配慮して行われるべきだとされている（菅野489頁）。

（4）法定休日の確保

　使用者は、労働者に対し、毎週1日以上（変形週休制の場合は4週あたり4日以上）の法定休日を与えなければならない（労基法35条）。休日振替を有効に行うためには、このルールに違反しないことが必要である（菅野489頁）。

② 休日振替の効果

　①の各要件をみたした休日振替がなされた場合、振替前の休日における労働は、「労働日における労働」となり、休日労働には該当しない。

　その帰結として、振替前の休日が法定休日であっても、休日労働のための労使協定（労基法36条）の締結は不要であるし、当該労働に対し、休日労働に対する割増賃金（同法37条）を支払う必要もない。

　ただし、振替により当該週における労働時間が40時間を超える場合（振替先の労働日（振替後の休日）が別の週である場合などに生じ得る）には、時間外労働のための労使協定（同法36条）の締結が必要となり、時間外労働部分については時間外労働に対する割増賃金（同法37条）を支払う必要がある。

　なお、休日振替は、割増賃金請求に対する権利発生障害の抗弁と位置付

けられる（三菱重工業横浜造船所事件・横浜地判昭和55年3月28日労判339号20頁も、当事者の主張の整理において休日振替を抗弁としている）。

③ 事後の代休の付与

　以上に対し、使用者が、事前に振替手続を行わないまま労働者を休日に労働させ、事後にこれに代わる休日（代休）を与える措置をとることがあるが、このような措置をとったとしても、労働者が「休日における労働」（休日労働）をしたことに変わりはない。そのため、当該休日が法定休日である場合には、休日労働のための労使協定（労基法36条）の締結と休日労働に対する割増賃金の支払（同法37条）が必要となる。

　また、使用者が代休日について、労働者の労働義務を免除するのみならず、これを無給とするためには、労働契約上の根拠（就業規則、労働協約又は労働者の個別同意）を要する。　　　　　　　　　　　　　（野田侑希）

3 残業代を消滅させる抗弁①（固定残業代による支払）

1 固定残業代とは

　固定残業代とは、時間外労働、休日労働及び深夜労働（以下「時間外労働等」という。）に対する割増賃金として支払われる、あらかじめ定められた一定の金額であり、「定額残業代」と呼ばれることもある（白石115頁）。賃金月額40万円の中に残業代10万円が含まれていることとしたり、基本給月額30万円とは別に月額10万円を残業代として手当の形で支払うこととしたりといった方法により、残業代を支払う場合がこれにあたる。

　毎月恒常的に一定程度の時間外労働等が生じる事業者において、給与計算事務の負担を軽減するためといった理由から採用されることがあり、毎月一定程度以上の定額の収入が得られることを期待する労働者のニーズを踏まえ、使用者において基本給を抑えつつ同ニーズに応えるために採用される場合もある。中小企業、特に小規模な事業者においては、固定残業代により残業代支払を行っている例が少なくない。

　固定残業代には①基本給などの中に残業代を組み込んで支払う方式（いわゆる「基本給組込型」）と②基本給とは別に残業代ないしは残業代に代わる手当を定額で支払う方式（いわゆる「手当支給型」）とがある（水町684頁）。

2 残業代請求における位置付け

　残業代請求事件において、固定残業代により割増賃金を支払った旨の主張は、賃金請求権を消滅させる使用者側の抗弁となる。

　労基法37条が時間外労働等に対する割増賃金の支払を義務付け、割増賃金の計算方法を定めているところ、固定残業代においては、同条が定める方法によらず、残業代を定額で支払うことになることから、適法な残業代の支払と認められるか、同条により違法とならないかが問題となる。

固定残業代が同条に違反し、適法な残業代の支払と認められなかった場合、使用者において支払済みと認識していた残業代のすべてが未払となることはもちろん、それにとどまらず、使用者において残業代の趣旨で支払った定額部分が割増賃金算定のための基礎賃金となり、使用者は高額な未払残業代の請求を受けることになる。法的リスクを踏まえずに固定残業代を採用していた中小企業においては、その経営への影響が大きく、想定外の事態を受け入れられない経営者も少なくない。他方、労働者においては高額な残業代請求が可能となることから、弁護士への依頼、労働審判手続等の法的手続の選択につながりやすく、固定残業代の適法性・有効性が実務上激しく争われることになる。かくして、固定残業代は残業代紛争における主要な争点の一つとなっている。

3　固定残業代の有効要件（Q18）

労基法37条は、時間外労働等に対する割増賃金の支払を義務付け、割増賃金の計算方法を定めているが、同条は、同条「等に定められた方法により算定された額を下回らない額の割増賃金を支払うことを義務付けるにとどまるものと解され、使用者が、労働契約に基づき、労働基準法37条等に定められた方法以外の方法により算定される手当を時間外労働等に対する対価として支払うこと自体が直ちに同条に反するものではない」（国際自動車事件（第二次上告審）・最判令和2年3月30日民集74巻3号549頁等）と解されるので、固定残業代による残業代の支払が当然に違法となるわけではない。この点、固定残業代による支払が同条に反せず、有効な割増賃金の支払と認められるには、判例上、「明確区分性要件」と「対価性要件」が必要とされている。

「明確区分性要件」とは、割増賃金として支払われた金額が、通常の労働時間の賃金に相当する部分の金額を基礎として、労基法37条に定められた方法により算定した割増賃金の額を下回らないかを検討できるよう、「通常の労働時間の賃金に当たる部分と割増賃金に当たる部分とを判別することができる」（医療法人社団康心会事件・最判平成29年7月7日集民256号31頁等）ことをいい、「対価性要件」とは、割増賃金にあたるとす

る賃金部分が時間外労働等の対価として支払われたものといえること（水町685頁）をいう。さらに、固定残業代が前提とする労働時間を超えて残業が行われた場合に所定の支給日に別途上乗せして残業代を支給する旨があらかじめ明らかにされていること（差額支払の合意）を固定残業代の有効要件とすべきかについて争いがあるが、固定残業代が前提とする部分を超えて時間外労働がなされた場合、その超過分について割増賃金を支払うことは労基法上当然のことであり、「差額支払の合意」を独立の要件とする必要はないと考えられる（白石122頁）。少なくとも近時の最高裁判所の判決においては、「差額支払の合意」は独立の要件としては要求されていない。

4　固定残業代が問題となる場面

　固定残業代の前記1の各類型のうち、「手当支給型」の場合には、通常の労働時間の賃金にあたる部分と割増賃金にあたる部分とを判別することが可能な場合が多く、明確区分性要件を充足することが通常で、主として「対価性要件」が問題となる。これに対し「基本給組込型」の場合には、まずは「明確区分性要件」が問題となり、これが認められる場合には、さらに「対価性要件」が問題となる。

　固定残業代をめぐっては、労働契約上、①深夜労働が当然に前提とされる場合に異なる取扱いが認められるか（Q21）、②歩合給（Q20）や③年俸制（Q19）がとられている場合に、これらの賃金中に割増賃金が含まれているとして有効な割増賃金の支払がなされたと認められるか、④固定残業代が支払の対象とする時間外労働の時間が著しく長時間にわたる場合に有効な支払と認められるか（Q22）といった点が、裁判例上、争われてきた。判例は、②歩合給（高知県観光事件・最判平成6年6月13日労判653号12頁）や③年俸制（前掲医療法人社団康心会事件）についても前記「明確区分性要件」を要求しているが、①深夜労働については、深夜労働が当然に前提とされている場合には、同要件の認定を緩やかに行う場合があることを認めている裁判例がある（大虎運輸事件・大阪地判平成18年6月15日労判924号72頁等）。また、④固定残業代が支払の対象とする時間外

労働の時間に関しては、対象とする時間外労働の時間が80時間を超えるといった場合に、公序良俗違反等を理由として、固定残業代による割増賃金の支払の全部又は一部の効力を否定している裁判例がある（ザ・ウィンザー・ホテルズインターナショナル事件・札幌高判平成24年10月19日労判1064号37頁等）。

5 固定残業代の主張・立証

　固定残業代による割増賃金の支払は、前記2のとおり使用者が主張し、立証すべき抗弁事実となることから、使用者としては、訴訟手続ないしは労働審判手続において、「明確区分性要件」と「対価性要件」に該当する具体的事実を主張し、雇用契約書、就業規則及び給与明細書等の記載内容等により、これらを立証する必要がある。

　中小企業、特に小規模な事業者においては、固定残業代の要件を意識せずに固定残業代を採用している場合があり、立証資料を欠いている場合も少なくない。固定残業代による支払が労基法37条に違反し、適法な残業代支払と認められなかった場合、前記2のとおり、高額な未払残業代の支払を要することになるので、中小企業においては経営への影響が大きい。

　訴訟手続等において耐えうるよう、固定残業代の導入にあたっては、各要件をみたした制度にする必要があり、現に要件をみたしていない場合には、これをみたすよう制度の改定を検討する必要がある（第6章❸参照）。

（狩倉博之）

Q18 固定残業代の有効要件

固定残業代が労基法37条に反せず、有効な割増賃金の支払と認められるためには、どのような要件をみたす必要がありますか。

①明確区分性要件と②対価性要件をみたす必要がある。
差額支払の合意は独立の要件としては要求されないと考えられるが、①及び②の各要件の判断にあたり重要な間接事実となることはある。

解説

1 問題の所在

労基法37条は、同条に定められた方法により算定された額を下回らない額の割増賃金を支払うことを義務付けるにとどまるものと解され（国際自動車事件（第二次上告審）・最判令和2年3月30日民集74巻3号549頁等）、割増賃金を同条に定められた方法によらず、固定残業代により支払うこと自体が直ちに同条に反するものではない。この点、固定残業代による支払が同条に反せず、有効な割増賃金の支払と認められるためには、判例上、「明確区分性要件」と「対価性要件」が必要とされるが、これらの要件をみたすか否かの判断基準及び労基法37条に基づく割増賃金額が固定残業代の金額を超えた場合についての「差額支払の合意」の要否については争いのあるところである。

2 明確区分性要件

固定残業代が労基法37条に反せず、割増賃金の支払として有効となるためには、第一に、割増賃金として支払われた金額が通常の労働時間の賃金に相当する部分の金額を基礎として、同条に定められた方法により算定した割増賃金の額を下回らないかを検討できるよう「通常の労働時間の賃金に当たる部分と割増賃金に当たる部分とを判別することができる」こと

が必要である（医療法人社団康心会事件・最判平成29年7月7日集民256号31頁等）。

　賃金月額40万円のうちの「10万円」が「40時間分」の残業代であるといったように、割増賃金にあたる部分が金額と時間により特定されていれば、明確区分性要件は充足されることが通常であるが、40万円のうちの「10万円」という形で金額のみにより特定されている場合でも、通常の労働時間にあたる部分（10万円を控除した30万円部分）から割増賃金の基礎となる1時間あたりの賃金額を算出し、割増賃金にあたる部分が、同条が定める方法により算定した割増賃金額を下回らないかを検討できるので、明確区分性要件を欠くとまではいえない（白石132頁）。他方、「基本給40万円には、10時間分の残業代が含まれている」といった形で時間のみにより特定されている場合には、割増賃金部分をX、1時間あたりの基礎賃金額をYとするなどし、方程式を解くことで通常の労働時間の賃金部分と割増賃金部分を明らかにすることは不可能とはいえないが、時間外労働を規制することを趣旨とする同条の趣旨からすると、労働者にこのような複雑な計算を要求し、検討を求めることは妥当ではなく、明確区分性要件を欠くとの見解がある（白石133頁）。

③ 対価性要件

　形式上、通常の労働時間の賃金にあたる部分と割増賃金にあたる部分とを判別することができる場合でも、さらに、割増賃金にあたるとする賃金部分が時間外労働等の対価として支払われたものといえるか（対価性要件）が問題となる（水町685頁）。前掲国際自動車事件（第二次上告審）においても、通常の労働時間の賃金にあたる部分と割増賃金にあたる部分との判別「をすることができるというためには、当該手当が時間外労働等に対する対価として支払われるものとされていることを要する」として、明確区分性要件をみたす前提として対価性要件をみたす必要があることが明示されている。

　この点、時間外労働等の対価であることが「雇用契約上も明確にされていなければならないと同時に支給時に支給対象の時間外労働の時間数と残

業手当の額が労働者に明示されていなければならない」（テックジャパン事件・最判平成24年3月8日集民240号121頁における櫻井龍子裁判官の補足意見）として、厳格に判断する見解があり、同見解に類する裁判例もある（アクティリンク事件・東京地判平成24年8月28日労判1058号5頁等）。

　しかしながら、最高裁の法廷意見は同「明示」を必須のものとして要求してはおらず、その後の最高裁判決では、時間外労働等に対する対価として支払われたものかは、①雇用契約に係る契約書等の記載内容のほか、②使用者の労働者に対する割増賃金に関する説明の内容、③労働者の実際の労働時間等の勤務状況などの事情を考慮して判断すべきであるとし、原審が要求した、より厳格な考慮要素を必須のものとはしていない（日本ケミカル事件・最判平成30年7月19日集民259号77頁）。

　前掲日本ケミカル事件の判決を前提とすれば、雇用契約書等において時間外労働の対価として支払われることが明示され、使用者から労働者にその旨の説明がなされ、割増賃金部分の金額が実際の時間外労働の状況と大きく乖離していなければ対価性要件をみたすが、雇用契約書等の記載や説明が不十分な場合や、時間外労働の実態と大きく乖離する場合には、明確区分性要件を形式的にみたしていても、対価性要件を欠き、労基法37条に反し、有効な割増賃金の支払とは認められないことになる。

4 差額支払の合意

　前掲櫻井裁判官の補足意見において、固定残業代が前提とする労働時間「を超えて残業が行われた場合には当然その所定の支給日に別途上乗せして残業手当を支給する旨もあらかじめ明らかにされていなければならないと解すべきと思われる。本件の場合、そのようなあらかじめの合意も支給実態も認められない」との見解が述べられ、同補足意見が要求する差額支払の合意を固定残業代が有効な割増賃金の支払となるための要件とする裁判例もある（イーライフ事件・東京地判平成25年2月28日労判1074号47頁等）。

　しかしながら、固定残業代が前提とする部分を超えて時間外労働がなされた場合、その超過分について割増賃金を支払うことは、労基法上、当然

のことであることから、差額支払の合意を割増賃金の支払を有効とするための独立の要件とする必要はないと考えられる（白石122頁）。前掲テックジャパン事件の法廷意見及びその後の固定残業代に関する最高裁判決においても、差額支払の合意は必須のものとしては要求されていない（前掲医療法人社団康心会事件等）。

　この点、小里機材事件の最高裁判決（最判昭和63年7月14日労判523号6頁）が差額支払の合意を固定残業代の有効要件とした判例として紹介されることがあるが、差額支払の合意を要件として掲げたのは同事件の第一審判決（東京地判昭和62年1月30日労判523号10頁）の傍論部分においてであり、最高裁が支持したのは同傍論部分ではなく、判決の結論部分にすぎない（峰隆之編集代表『定額残業制と労働時間法制の実務　裁判例の分析と運用上の留意点』（労働調査会、2016年）、55頁）。また、前掲医療法人社団康心会事件等の最高裁の判決においては、先例として引用されている判例の中に小里機材事件の判決は含まれておらず、同事件の判決を差額支払の合意を要件とする判例と評価することは正しくない。

　なお、差額支払の合意があること、ないしは実際に差額支払がなされていることは、明確区分性要件及び対価性要件の判断にあたって重要な間接事実となる余地はあることから（白石123頁）、これらの要件に関する主張・立証においては、差額支払の合意等を積極的に主張・立証する必要がある。

⑤ 固定残業代の類型に応じた問題状況

　固定残業代には①基本給などの中に残業代を組み込んで支払う方式（いわゆる「基本給組込型」）と②基本給とは別に残業代ないしは残業代に代わる手当を定額で支払う方式（いわゆる「手当支給型」）とがあるが（水町684頁）、②手当支給型の場合、形式的には通常の労働時間の賃金にあたる部分と割増賃金にあたる部分とを判別することが可能な場合が多く、明確区分性要件を充足することが通常であり、主として、当該手当（割増賃金部分）が時間外労働の対価といえるか（対価性要件）が問題となる。

　これに対し、①基本給組込型の場合には、まずは基本給の中で通常の労働時間の賃金にあたる部分と割増賃金にあたる部分とを判別することがで

きるか（明確区分性要件）が問題となり、これが認められる場合には、さらに対価性要件が問題となる。 （狩倉博之）

Q19　年俸制

　年俸制により賃金を支払っている場合に、年俸の中に割増賃金が含まれているとして、割増賃金が支払われていると認められるでしょうか。

A　年俸制を採用するとしても、労働者が、管理監督者（労基法41条2号）、裁量労働制（同法38条の3・38条の4）の対象者又は高度プロフェッショナル制度（同法41条の2）の対象者に該当する場合を除き、労基法上の時間外労働・深夜労働に対する割増賃金支払義務を免れない。

解説

① 年俸制とは

　年俸制とは、「賃金の全部または相当部分を労働者の業績等に関する目標の達成度を評価して年単位に設定する制度」（菅野436頁）などと説明される、成果・業績主義的な賃金体系である。

　仕事の成果によって翌年度の賃金額を設定しようとする制度なので、労働時間の量（割増賃金）を問題とする必要のない管理監督者、裁量労働の対象者、高度プロフェッショナル制度の対象者に適した賃金制度であり（菅野436頁）、大企業の上級管理職者を中心に相当程度広まっている。

② 年俸制と割増賃金

　年俸制の成果主義的な性質からか、年俸制により賃金を支払っている場合に、年俸の中に割増賃金が含まれているとして、別途残業代の支払を要しないとする使用者の主張が見受けられる。

　下級審において、年俸2200万円の外資系証券会社のプロフェッショナル社員について、所定時間外にした労働の対価が基本給の中に含まれているとしたものや（モルガン・スタンレー・ジャパン（超過勤務手当）事件・

東京地判平成17年10月19日労判905号5頁）、年俸1700万円の医師について、通常の時間外労働の賃金は年俸に含まれるとの合意が有効とされた裁判例もあるが（医療法人康心会事件（控訴審）・東京高判平成27年10月7日判時2287号118頁）、最高裁は、後者の東京高裁判決を破棄し、以下のとおり、高賃金の労働者にも労基法37条が適用されることを明確にした（水町687頁）。

医療法人康心会事件（上告審）・最判平成29年7月7日労判1168号49頁は、勤務医の年俸1700万円中に時間外労働に対する割増賃金が含まれる旨の合意がなされている事案であったが、最高裁は、高知県観光事件（最判平成6年6月13日）、テックジャパン事件（最判平成24年3月8日）、国際自動車事件（（上告審）最判平成29年2月28日）を引用のうえ、年俸中に割増賃金が含まれる合意があったとしても、明確区分性の要件を具備しているといえない以上、年俸の支払によって、時間外労働・深夜労働に対する割増賃金が支払われたということはできないと判示して、医師という業務の特質、労務の提供についての裁量性、給与額が相当高額であることを理由として、年俸中に割増賃金が含まれる旨判示した原審を破棄差戻しとした。

したがって、使用者は、年俸制により賃金を支払うとしても、通常の固定残業代の要件（明確区分性）を充足するか、労働者を管理監督者等の労基法上の例外的地位におくなどしていない場合には、年俸総額を年間の所定労働時間数で除した金額を基礎賃金として別途残業代を支払わなければならないことになるので、注意が必要である。

なお、年俸制の場合でも、あらかじめ支給金額が定まっている賞与については、残業代算定の基礎賃金から控除することはできない点に注意が必要である（平成12年3月8日基収78号）。 　　　　　　　　（伊藤安耶）

Q20 歩合給

時間外労働に対応する割増賃金を歩合給に含めて支払い、別途割増賃金を支給しないといった残業代の支払方法は有効でしょうか。

また、歩合給から別途支給する割増賃金に相当する金額を控除する支払方法は許されるでしょうか。

A 歩合給として支払う賃金のうち、通常の労働時間に対応する部分と割増賃金に対応する部分とを明確に区分することができない場合には、有効な残業代の支払とは認められない。

歩合給から別途支給する割増賃金に相当する金額を控除することは、労基法37条の趣旨を逸脱する支払方法と評価され、無効となることがある。

解説

1 割増賃金を歩合給に含めて支払う方法

歩合給についても、労基法37条の規制は及ぶことから（労基則19条1項6号）、歩合給に時間外労働や深夜労働に対応する割増賃金が含まれているとして、割増賃金を別途支給しない方法による残業代の支払が労基法37条に違反しないかが問題となる。

この点、時間外及び深夜の各割増賃金を歩合給へ組み込んだ残業代の支払方法の適法性が争われた事件において、最高裁は、歩合給の額が「通常の労働時間の賃金に当たる部分と時間外及び深夜の割増賃金に当たる部分とを判別することもできないものであったことからして、この歩合給の支給によって」「法37条の規定する時間外及び深夜の割増賃金が支払われたとすることは困難なものというべき」であると判示している（高知県観光事件・最判平成6年6月13日集民172号673頁）。

同判例を踏まえると、歩合給に割増賃金を組み込んで支払うという固定残業代を採用する場合も、歩合給のうち、どの部分が通常の労働時間の賃

金に対応するものであって、どの部分が時間外労働等に対する賃金に対応するものであるかを明確に区分し、就業規則や給与明細書等に明記しておく必要がある。

② 歩合給から割増賃金を控除して支払う方法

　時間外労働等による割増賃金を別途支給しつつ、割増賃金に相当する金額を歩合給から控除して支払う方法が労基法37条等に違反して無効とならないかが問題となる。

　この点、最高裁が、労基法37条は「使用者に対し、労働契約における割増賃金の定めを労働基準法37条等に定められた算定方法と同一のものとし、これに基づいて割増賃金を支払うことを義務付けるものとは解されない」としたうえで、明確区分性の審理を尽くしていないとして原審への差戻しを命じたこと（国際自動車事件（第一次上告審）・最判平成29年2月28日労判1152号5頁）を受けて、差戻し後の控訴審は、上記支払方法を定めた賃金規則において「通常の労働時間の賃金に当たる部分と（労働基準）法37条の定める割増賃金に当たる部分とが明確に区分されて定められているということができる」として、上記方法による支払を有効とした（国際自動車事件（差戻控訴審）・東京高判平成30年2月15日労判1173号34頁）。しかし、その後の上告審においては、上記支払方法が労基法37条等に違反するかの判断枠組みとして、最高裁判決の明確区分性要件（前掲高知県観光事件参照）及び対価性要件（日本ケミカル事件・最判平成30年7月19日労判1186号5頁参照）を前提としたうえで、上記支払方法は「当該揚高を得るに当たり生ずる割増賃金をその経費とみた上で、その全額をタクシー乗務員に負担させているに等しいものであって……労働基準法37条の趣旨に沿うものとはいい難い。また、割増金の額が大きくなり歩合給……が0円となる場合には……出来高払制の賃金部分につき通常の労働時間の賃金に当たる部分はなく……労働基準法37条の定める割増賃金の本質から逸脱したものといわざるを得ない」とし、「本件賃金規則における割増金は……通常の労働時間の賃金である歩合給……として支払われるべき部分を相当程度含んでいるものと解さざるを得ない。そして、

割増金として支払われる賃金のうちどの部分が時間外労働等に対する対価に当たるかは明らかでないから、本件賃金規則における賃金の定めにつき、通常の労働時間の賃金に当たる部分と労働基準法37条の定める割増賃金に当たる部分とを判別することはできない」として、別途支給の割増金により同条が定める割増賃金が支払われたということはできないとした（国際自動車事件（第二次上告審）・最判令和2年3月30日民集74巻3号549頁）。

歩合給から別途支給する割増賃金に相当する金額を控除する支払方法について、当該労働契約における諸般の事情を考慮したうえで労基法37条の趣旨を逸脱して無効であるとの最高裁の判断が出されたことから、歩合制をとる中小規模の事業者においては、上記支払方法を導入することには慎重であるべきだと考える。　　　　　　　　　　　　　　（石井和樹）

Q21 深夜割増

深夜労働が当然に予定されているような場合に、深夜労働の割増賃金は当然に基本給に含まれているとの主張は認められるでしょうか。

A 深夜労働に対する割増賃金を基本給に含めて固定残業代により支払う場合でも、原則として、時間外労働及び休日労働の場合と同様に明確区分性要件等が必要である。ただし、当該業務の実態を踏まえたうえで、深夜労働が当然に前提とされているような場合には、明確区分性要件をみたすか否かについて、緩やかに解釈する余地がある。

解説

1 深夜労働

深夜労働は、時間外労働及び休日労働と同様に労基法37条の適用を受けることから、深夜労働の割増賃金を基本給に含んで支払うためには、時間外労働及び休日労働の場合と同様に、明確区分性要件及び対価性要件が必要である。もっとも、深夜労働が当然に前提とされている業務の場合には、使用者から、深夜労働の割増賃金は基本給に含まれており、支払済みであるとの主張がなされることがある。裁判例の中には、深夜労働が前提とされていることを認定したうえで、明確区分性要件を充足することを緩やかに認め、固定残業代による割増賃金の支払を認めたものがある。

2 深夜割増に関する裁判例

具体的には、長距離トラックの運転業務について、午後9時から午後10時ころに出発し、夜間走行を続け、午前7時前後若しくは、午後0時前後に目的地に到着するという実際の業務内容に着目し、深夜労働を当然の前提としていたとして、基本給に深夜労働についての割増賃金を含むという合意が不合理とはいえないとした裁判例（大虎運輸事件・大阪地判平成

18年6月15日労判924号72頁）、ガソリンスタンドにおける監視業務について、深夜勤務のある従業員と深夜勤務のない従業員の実労働時間、賃金額等を比較したうえで、固定残業代としての深夜割増賃金の支払を認めた裁判例（クアトロ（ガソリンスタンド）事件・東京地判平成17年11月11日労判908号37頁）、ホテルの夜間清掃の業務について、午後10時から午前6時までの勤務に対して基本給4500円、職務手当3000円が支払われることを合意して契約を締結したこと、及び、労働者は退職するまでに深夜割増賃金の支払を求めたことがなく、使用者も深夜割増賃金を支払おうとしたこともなかったこと等を理由として、深夜割増賃金は賃金合計額7500円に含まれていると判示した裁判例（千代田ビル管財事件・東京地判平成18年7月26日労判923号25頁）、廃棄物の収集等の業務について、大方の勤務が夜から朝方にかけての勤務であることを労働者が自覚できていたことから、基本給に深夜労働割増賃金が含まれているとした裁判例（藤ビルメンテナンス事件・東京地判平成20年3月21日労判967号35頁）等がある。

　上記各裁判例においては、深夜勤務のある労働者の賃金額と深夜勤務のない労働者の賃金額に違いがあったこと、所定労働時間を深夜帯とし、基本給のほかに深夜割増賃金とみられる割増賃金を支払う旨が合意されていたこと、実労働時間や実労働時間帯をみると深夜労働が常態化していたこと等を雇用契約書、出勤簿、シフト表等に基づき認定したうえで、当該労働者との間で深夜労働を前提として労働契約が締結されていたと評価したこと、明確区分性要件を不要とまで判断したものではないことには留意を要する。

　中小企業、特に小規模の事業者においては、割増賃金は基本給に含めて支払っていると安易に考えている場合も少なくない。しかし、深夜労働だからといって当然に固定残業代の有効要件が不要とされているわけではないので、深夜労働を前提とする業務内容であったとしても、就業規則等において、明確区分性をみたすように規定しておくことが適切である。

（石井和樹）

長時間の残業を前提とした固定残業代

使用者において固定残業代の主張をするとして、その対象となる時間外労働の時間数が例えば月80時間といった長時間にわたるとしても、労働者と合意していれば残業代の支払として認められるでしょうか。

A 労使間において固定残業代の合意をしていたとしても、その対象となる時間外労働が長時間に及ぶ場合には、同合意の効力が否定されるおそれがある。少なくとも過労死基準を超えるような合意は無効になる可能性が高く、時間外労働の上限が法定されたことからすれば、長くとも月45時間以内に抑えるべきである。

解説

[1] 固定残業代における時間外労働の制限

（1）時間外労働に対する制限

従前は、36協定で定める時間外労働は厚生労働大臣による限度基準告示によって上限基準が定められてはいたものの（36協定の延長限度時間に関する基準・平成10年労働省告示154号）、特別条項を締結すれば、事実上労働時間を無制限に延長することが可能であった。このような運用を前提に、固定残業代の対象となる時間外労働の時間を例えば月80時間といったように、著しく長時間に設定する例がみられる。しかし、固定残業代の対象となる労働時間を無制限とすると、労働者に対して長時間の時間外労働を日常的に行わせることを是認することになりかねないことから、近時、長時間の時間外労働を対象とする固定残業代の合意の効力を否定する裁判例がみられるようになった。

（2）合意の効力が否定された例

　ザ・ウィンザー・ホテルズインターナショナル事件・札幌高判平成24年10月19日労判1064号37頁は、労使間で定額払の時間外賃金として月額15万4000円の職務手当の支払を合意しており、これが月95時間分の時間外賃金にあたると使用者において主張したが、同解釈では労働者が月95時間の時間外労働義務を負うことになりかねず、労基法36条の規定を無意味なものとするばかりでなく、安全配慮義務に違反し、公序良俗に反するおそれさえあることから、職務手当が月95時間分の時間外賃金として合意されていると解釈することはできないと判示した。なお、この事案では、支払われた職務手当は、当事者の合理的意思を限定的に解釈し、限度基準告示の上限である月45時間分の範囲に限って有効とされている。

　そのほかにも、月17万5000円から18万5000円の営業手当が概ね月100時間の時間外労働に対する割増賃金に相当すると主張された事案において、同解釈を否定したうえで、明確区分性要件をみたさないことから割増賃金の支払とは認められないとしたもの（マーケティングインフォメーションコミュニティ事件・東京高判平成26年11月26日労判1110号46頁）や、月10万円の管理職手当が月83時間の時間外労働に対する残業代にあたる旨主張された事案において、これを公序良俗に反するものとして否定し、時間外労働に対する手当として扱うべきでないとしたもの（穂波事件・岐阜地判平成27年10月22日労判1127号29頁）などがある。

　他方、時間外労働月70時間に対する業務手当について、限度基準告示を超える時間外労働を目安としていたとしても違法になるとは認められない旨判示した裁判例もある（X社事件・東京高判平成28年1月27日労判1171号76頁）。

（3）小括

　以上の裁判例のとおり、労使間において固定残業代の合意をしていたとしても、その対象となる時間外労働が著しく長時間に及ぶ場合には、合意の意思解釈、公序良俗違反など種々の理由により合意の効力が認められない可能性があり、特に、過労死基準である2か月ないし6か月の月平均残

業時間が80時間に及ぶ場合には、固定残業代の合意が無効となる可能性が高いといえる。

② 労基法改正による影響

　法改正により、法律上、時間外労働の上限は原則として月45時間となり、特別条項付36協定においても、月45時間を超えることができるのは年6か月が限度とされた（第2章❷1参照）。そのため、固定残業代の対象となる時間外労働の時間についても、長くとも月45時間以内にとどめるのが無難であり、実態に合わせ、できるだけ短時間にすべきである。

　上記①の各裁判例は平成30年の働き方改革関連法による労基法改正前のものであるところ、今般の改正により、固定残業代の対象とする時間外労働の時間に関する裁判所の考え方はより厳しくなることが予想される。したがって、労使間で特別条項付の36協定を締結し、固定残業代の合意をする際には、使用者において、同合意が対象とする残業時間の設定に十分な注意が必要である。

（伊藤安耶）

4 残業代を消滅させる抗弁② （相殺・放棄・消滅時効）

1 残業代債権の相殺・放棄

（1）問題の所在

　時間外労働、休日労働及び深夜労働（以下「時間外労働等」という。）に対する割増賃金の発生が認められた場合に、使用者から、①使用者が労働者に対して有する債権を自働債権とする割増賃金債権との相殺をしたとの主張や②労働者において割増賃金債権を放棄したとの主張がなされることがある。これらの主張が認められると、相殺ないしは放棄された範囲で割増賃金債権は消滅するので（民法505条1項、519条）、使用者によるこれらの主張は、割増賃金債権を消滅させる抗弁となる。

　この点、割増賃金債権との相殺及び割増賃金債権の放棄は、いわゆる賃金全額払い原則（労基法24条1項本文）により禁止され、許されないのではないかが問題となる。

（2）残業代債権の相殺（Q23）

ア　全額払い原則と相殺禁止

　判例は、全額払い原則は相殺禁止の趣旨をも包含するとし（関西精機事件・最判昭和31年11月2日民集10巻11号1413頁、日本勧業経済会事件・最判昭和36年5月31日民集15巻5号1482頁）、使用者による相殺は許されないとする。

　上記各判例を前提とすると、使用者による相殺が許されるのは、全額払い原則の例外として従業員の過半数代表者との協定（労基法24条1項但書）によって行う場合に限られることから、相殺を抗弁として主張する使用者は、「自働債権の発生原因事実」「自働債権が弁済期にあること」及び「相殺の意思表示」に加え、「過半数代表者との協定の存在」を主張し、立証しなければならないことになる。

なお、過半数代表者との協定により相殺を行う場合でも、民法510条の相殺制限により、賃金の4分の3に相当する部分は差押禁止債権とされ、労働者の同意なく相殺することはできないことには注意が必要である。

イ　調整的相殺

　判例は、相殺禁止の例外として、過払賃金の清算のための「調整的相殺」を一定限度で許容している（福島県教組事件・最判昭和44年12月18日民集23巻12号2495頁、群馬県教組事件・最判昭和45年10月30日民集24巻11号1693頁）。

　「調整的相殺」とは、ある賃金計算期間に生じた賃金の過払を後の期間の賃金から控除することで、過払賃金の不当利得返還請求権を自働債権とする相殺であり（菅野454頁）、前掲各判例によれば、労基法24条1項「但書によって除外される場合にあたらなくても、その行使の時期、方法、金額等からみて労働者の経済生活の安定との関係上不当と認められないものであれば、同項の禁止するところではない」とされる。すなわち「過払のあった時期と賃金の清算調整の実を失わない程度に合理的に接着した時期においてされ、また、あらかじめ労働者にそのことが予告されるとか、その額が多額にわたらないとか、要は労働者の経済生活の安定をおびやかすおそれのない場合」には、調整的相殺が許されることになる。

　よって、残業代請求に対し「調整的相殺」を抗弁として主張する使用者は、過払賃金の不当利得返還請求権を自働債権とするとともに、「労働者の経済生活の安定をおびやかすおそれがないことを基礎付ける事実」を主張・立証しなければならない。

ウ　合意による相殺

　判例は、使用者による一方的相殺が全額払い原則により禁止されることを前提としつつ、使用者が労働者の同意を得て行う相殺は、「同意が労働者の自由な意思に基づいてされたものであると認めるに足りる合理的な理由が客観的に存在するときは」全額払い原則に違反するものとはいえないとする（日新製鋼事件・最判平成2年11月26日民集44巻8号1085頁）。

　合意による相殺を主張する使用者は、「自働債権の発生原因事実」「自働債権が弁済期にあること」及び「労働者の同意があったこと」に加え、「同

意が労働者の自由な意思に基づいてされたものであると認めるに足りる合理的な理由となる客観的な事実」を主張・立証しなければならない。

エ 労働者による相殺

労働者による割増賃金を自働債権とする相殺は、使用者の行為が介在しておらず、全額払い原則には反しない（菅野455頁）。この点、（3）で後述する労働者による残業代債権の放棄と同様に、労働者が自由意思に基づいてこれを行ったものと認めるに足りる合理的な理由が客観的に存在していることを要するとする見解（水町617頁）があることから、使用者は、「合理的な理由となる客観的事実」を主張・立証するよう努めるべきである。

（3）残業代債権の放棄（Q24）

ア 放棄の有効性

判例は、労働者による退職金債権の放棄の効力が問題となった事案において、全額払い原則が放棄の効力を否定する趣旨のものであるとまで解することはできないとしつつ、全額払い原則の趣旨に鑑み、放棄の効力を肯定するには、労働者の「自由な意思に基づくものであることが明確でなければならない」とし、「自由な意思に基づくものであると認めるに足る合理的な理由が客観的に存在していた」ことを要求している（シンガー・ソーイング・メシーン事件・最判昭和48年1月19日民集27巻1号27頁）。

労働者による割増賃金債権の放棄を主張する使用者は、「労働者による放棄の事実」と「放棄が労働者の自由な意思に基づくものであると認めるに足る合理的な理由となる客観的事実」を主張・立証する必要がある。

イ 事前の放棄

割増賃金債権の放棄が一定の要件のもとで有効とされるとして、時間外労働等をしても割増賃金は発生しないとあらかじめ合意することは可能か。この点、「あらかじめ将来の割増賃金について労働者がこれを放棄することは労基法37条に違反し許されない」とした裁判例がある（ワークフロンティア事件・東京地判平成24年9月4日労判1063号65頁）。

（狩倉博之）

2 消滅時効

（1）民法の改正

　「民法の一部を改正する法律」が平成29年5月に成立し、この法律による改正後の民法（以下「現行民法」という。）は令和2年4月1日に施行され、消滅時効に関する規定も改正された。

　債権の消滅時効は、改正前の民法では、権利を行使できる時から進行するとされたうえで（改正前民法166条1項）、10年間行使しないときは消滅すると規定されていた（改正前民法167条1項）。現行民法においては、債権は、権利を行使できることを知った時から5年間、又は権利を行使できる時から10年間行使しない場合に消滅するとされた（現行民法166条1項）。また、改正前の民法で定められていた様々な職業別役務の報酬等に関する短期消滅時効（改正前民法170条ないし174条）が削除され、「月又はこれより短い時期によって定めた使用人の給料に係る債権」についての1年間の短期消滅時効（改正前民法174条1号）も廃止された。

　また、改正前の民法において、時効の完成を猶予する「停止」、各事由の終了時から新たに時効が進行する「中断」の規定について、各々その語義から効果を想起しにくい面があったため、改正により、「中断」に代わり「更新」、「停止」に代わり「完成猶予」と再構成されたとともに、新たな時効の完成猶予事由として、協議を行う旨の合意（現行民法151条）が加えられた。

（2）労基法の改正

　令和2年改正前の労基法では退職手当を除く賃金債権の消滅時効期間は2年間とされていたところ、改正前の労基法は労働者保護の観点から改正前の民法174条1号の1年間の消滅時効期間を伸長する趣旨であったため、現行民法によって短期消滅時効が廃止され、債権の消滅時効期間が5年間とされたことにより、労基法上の時効期間の方が民法よりも短期間になるという不均衡が生じることとなった。そこで、令和2年4月1日に施行された改正労基法115条では、賃金債権の消滅時効期間を5年間と定めるとともに、使用者への影響に配慮し、経過措置として、「当分の間」消滅時

効期間を3年間とすることとされた（現行労基法143条3項）。

　現行労基法による3年間の消滅時効期間が適用されるのは、施行日以降に発生した賃金債権についてであり、令和2年3月31日までに発生した賃金債権についての消滅時効期間は従前どおり2年間とされる。実際上、時効期間延長による影響が顕在化するのは、令和5年4月1日以降となる。

（3）完成猶予と更新（Q25）

　残業代等請求において、労働者より内容証明郵便等による「催告」があったときは、その時から6か月を経過するまでは時効の完成は猶予されるが、再度催告をしても時効の完成は猶予されない（現行民法150条）。

　労働者・使用者間の協議が整わない場合、労働者より労働審判手続の申立ないしは訴訟提起がされることが通例であるが、これらは「裁判上の請求」として、労働審判申立書ないしは訴状を裁判所に提出した時に、完成猶予の効力が生じる。確定判決又は確定判決と同一の効力を有するものによって権利が確定したときは、時効が更新され、経過した時効期間はリセットされ、その時点から新たに時効期間が進行する（現行民法147条）。

　なお、現行民法によって協議を行う旨の合意という完成猶予事由が新設され（現行民法151条）、同合意があった時から1年を経過したとき又は合意において定められた期間（最長1年間）は時効の完成が猶予される。

（杉原弘康）

Q23 相殺の合意

　住宅資金を従業員に貸し付けた際に、退職時の住宅貸付金の残金と退職時に従業員が有する残業代とを相殺する約束をしました。その従業員が退職することになったのですが、従業員の残業代と住宅資金の貸付残金とを相殺することはできますか。

A 　従業員に貸付を行った際の相殺する旨の合意が労働者の自由な意思に基づいてなされたものであると認めるに足りる合理的な理由が客観的に存在する場合には、相殺の合意は有効であり、相殺することができる。

解説

1 主張の位置付けと問題の所在

　労働者からの残業代等の割増賃金請求に対し、使用者が当該労働者に債権を有している場合、相殺の主張は可能であるか。仮に可能である場合には既発生の割増賃金請求権を消滅させる抗弁となるが、そのような主張は、「賃金は、その全額を支払わなければならない」とする賃金全額払いの原則（労基法24条1項）に反しないかが問題となる。

2 使用者からの一方的な相殺

　賃金全額払いの原則は労働者に賃金の全額を受領させて労働者の経済活動を脅かすことのないようにすることを目的としているところ（シンガー・ソーイング・メシーン事件・最判昭和48年1月19日民集27巻1号27頁）、同原則が相殺禁止の趣旨を含むかが問題となるが、その目的から、同原則は相殺禁止の趣旨を含むとするのが判例であり、使用者から労働者に対する一方的な相殺の意思表示は賃金全額払いの原則に反する。

　最高裁は、使用者が有する労働者の債務不履行に基づく損害賠償請求権

を自働債権とし、労働者が有する賃金債権を受働債権として相殺すること
はできないと判示し（関西精機事件・最判昭和31年11月2日民集10巻11
号1413頁）、また、不法行為に基づく損害賠償請求権を自働債権とし、賃
金債権を受働債権として相殺することもできないと判示した（日本勧業経
済会事件・最判昭和36年5月31日民集15巻5号1482頁）。

　なお、過払賃金の清算のための「調整的相殺」については、労働者の経
済生活の安定を脅かすおそれのないものと評価できれば、一定限度で許容
されるという例外が判例によって確立されている（福島県教組事件・最判
昭和44年12月18日民集23巻12号2495頁、群馬県教組事件・最判昭和45
年10月30日民集24巻11号1693頁）。

③ 相殺の合意

　相殺が禁止されるとして、一方的な相殺ではなく合意による相殺は賃金
全額払いの原則に反するであろうか。判例は、相殺の合意について、労働
者の自由な意思に基づくものと認めるに足りる合理的な理由が客観的に存
在するときには、賃金全額払いの原則に反しないとしている（日新製鋼事
件・最判平成2年11月26日民集44巻8号1085頁）。なお、一般的な合意書
面等が作成されている場合でも、労働者の自由な意思に基づく合意が認め
られないこともあり、裁判例は、労使間における合意の認定について、慎
重な態度をとっているものが多い（白石195頁、協愛事件・大阪高判平成
22年3月18日労判1015号83頁等参照）。　　　　　　　　　　（石井和樹）

Q24 残業代債権の放棄

既に金額が確定している残業代債権を従業員が放棄した場合には、残業代は支払わなくてもよいのでしょうか。

A 残業代債権を放棄する旨の意思表示が労働者の自由な意思に基づくことが明確であり、かつ、自由な意思に基づくと認めるに足りる合理的な理由が客観的に存在している場合には、放棄は有効であり、残業代を支払う必要はない。

解説

1 主張の位置付け

既発生の残業代債権を労働者が放棄した旨の使用者側の主張は、いったん発生した権利が事後的に消滅したことを意味するものであることから、労働者からの残業代請求に対する権利消滅の抗弁と位置付けられる。

2 問題の所在と判断基準

賃金は、労働者にその全額を支払わなければならず（賃金全額払いの原則、労基法24条1項）、同賃金には時間外労働の割増賃金も含まれることから、残業代債権の放棄を理由として残業代を支払わないことが賃金全額払いの原則に反し、無効とならないかが問題となる。

3 残業代債権の放棄に関する判例・裁判例

判例は、賃金全額払いの原則は賃金債権の放棄の効力を直ちに否定するものとはいえないとしつつ、賃金債権の放棄が有効となるためには、放棄の意思表示が当該労働者の自由な意思に基づくものであることが明確であることを要し、自由な意思表示に基づく放棄であると認めるに足りる合理的な理由が客観的に存在していることを使用者が主張・立証する必要があ

るとしている（シンガー・ソーイング・メシーン事件・最判昭和48年1月19日民集27巻1号27頁）。

　また、年俸制の賃金を得ていた労働者が会社の経営不振により賃金額を減額された件につき放棄の意思表示が明確なものでなく、同意思表示が自由な意思に基づいてなされたものであると認めるに足りる合理的な理由が客観的に存在したとはいえないとして放棄の意思表示の効力を否定した判例もある（北海道国際航空事件（上告審）・最判平成15年12月18日労判866号14頁）。

　下級審の裁判例としては、退職制度について定めた要項記載の条件の他にはいかなる請求も存しないことを確認する旨の清算文言を含む退職申込書による、未払の時間外及び休日割増賃金支払請求権の放棄の効力を肯定したもの（インガソール・ランド事件・東京地判平成23年1月28日労経速2097号37頁）などがあり、労働者が賃金債権を放棄する合理的な理由があるかが具体的事情に即して検討されており、賃金債権の放棄の意思表示を示す念書や退職申込書等の書面があって意思表示の存在及び内容が明確であるか、労働者が賃金債権を放棄するメリットはあるか、放棄にあたっての使用者からの説明の有無とその程度などが考慮されている。

　中小規模の事業者においては、労働者が残業代請求権を放棄する際、使用者からの圧力により放棄させられたとの誤解を生じさせぬよう、放棄による結果について労働者に十分に説明を尽くしたうえで、書面等の客観的証拠を残しておくべきである（荒木156頁参照）。

④ 事前の放棄

　時間外労働による割増賃金の発生に先立ち、割増賃金をあらかじめ放棄していたとの使用者の主張は、仮に同主張による割増賃金債権の放棄が認められるとすれば、残業代請求権の発生を妨げる抗弁となる。

　しかしながら、割増賃金債権の事前の放棄は、残業代の金額等が未確定の段階でなされること等からして、労働者が自由な意思に基づいて放棄したとは通常考え難い（テックジャパン事件・最判平成24年3月8日集民240号121頁）。また、労基法が強行法規である以上、事前に労使間で残業

代を不支給とする合意をしたとしても、そのような合意は同法の趣旨に反するものとして無効と解される（オフィステン事件・大阪地判平成19年11月29日労判956号16頁参照）。事前の放棄を有効とすることは困難と考える。

（石井和樹）

Q25 時効の完成猶予と更新

民法改正により、従来の時効の中断・停止の制度が改正されたとのことですが、残業代請求において、どのような影響があるでしょうか。

A 改正前の民法における「中断」「停止」は、改正民法によって「更新」「完成猶予」として再構成された。また、「協議を行う旨の合意」が時効の完成猶予事由として新設された。

解説

① 改正民法の内容

改正前の民法においては、時効の停止事由が生じると時効の完成は猶予され、時効の中断事由が生じると、中断事由が終了した時点から新たに時効が進行を始めるものとされていた。しかしながら、従来の「中断」という語義が、時効が完成しないだけではなく、それまでの時効期間がリセットされ、新たに進行するという効果を想起しにくい面があったことや、「中断」には時効の更新と猶予が混在していたことから、改正民法は、それまでに進行した時効期間がリセットされ、新たに時効期間が進行することを「更新」、その前提となる一定時点まで時効が完成せずに猶予される状態を「停止」に代わって「完成猶予」と再構成した。

② 完成猶予の事由

残業代請求権の消滅時効の完成を猶予する事由としては、内容証明郵便等による「催告」があげられ、催告時から6か月を経過するまでは時効の完成が猶予されるが、再度催告をしても時効の完成は猶予されない。

また、「裁判上の請求」によっても事項の完成が猶予される（現行民法147条1項1号）。「裁判上の請求」には、訴訟の提起のほか、労働審判手続の申立も含まれ、訴状・労働審判申立書を裁判所に提出した時に、完成

猶予の効力が生じる。完成が猶予されるのは、確定判決又は確定判決と同一の効力を有するものによって権利が確定するまでの期間であり、確定により時効は更新され、新たに時効期間が進行することになる。

　改正民法による新たな完成猶予事由として、協議を行う旨の合意が設けられた。同合意が書面によってされた場合は、合意があった時から1年を経過するまでの期間（合意においてこれよりも短い期間を定めた場合は当該期間）、時効の完成が猶予される（現行民法151条1項）。この合意は再度行うことも可能であり、最長で本来時効が完成すべき時から5年後まで時効の完成を猶予することができる（同条2項）。

　これまでは時効消滅を理由として労使の協議が早期に打ち切られてしまうことがあったが、手続外での合意成立の可能性がある場合には、労使の間で協議を行う旨の合意を書面化することで、時効の完成を猶予させ、協議を継続することが可能となった。ただし、協議を行う旨の書面による合意がなされたとしても、その後に当事者の一方から協議の続行を拒絶する旨の通知を書面で行えば、通知日から6か月を経過した時に時効が完成することになる（同条1項3号）。

　「更新」及び「完成猶予」については、訴訟上、使用者による消滅時効の抗弁に対する再抗弁と位置付けられ、立証責任は労働者が負担する。

（杉原弘康）

5 遅延損害金の利率に関する抗弁

1 法定利率に基づく請求の場合

　労働者が法定利率に基づく遅延損害金の請求をする場合、この遅延損害金請求に対する固有の抗弁は特にない。また、労働者が約定利率に基づく遅延損害金の請求をする場合、当該約定にかかる錯誤・解除などといった一般的な抗弁はあるものの、遅延損害金請求に対する固有の抗弁は特にない。

2 賃確法6条1項に基づく請求の場合

　他方、労働者が賃確法6条1項に基づく遅延損害金の請求をする場合、使用者は、賃確法規則6条各号に定める下記の事由の存在を抗弁として主張することができる（賃確法6条2項）（**Q26**）。

①天災地変（賃確法規則6条1号）

②事業主が破産手続開始の決定を受け、又は賃確法施行令2条1項各号に掲げるいずれかに該当することとなったこと（賃確法規則6条2号）

③法令の制約により賃金の支払に充てるべき資金の確保が困難であること（同規則6条3号）

④支払が遅滞している賃金の全部又は一部の存否に係る事項に関し、合理的な理由により、裁判所又は労働委員会で争っていること（同規則6条4号）

⑤その他前各号（上記①～④）に掲げる事由に準ずる事由（同規則6条5号）

　賃確法6条1項により命じられる遅延損害金の利率は年14.6％と法定利率よりもかなり高率であるため、上記抗弁の主張に漏れがないよう留意する必要がある。

（中野智仁）

Q26 退職後の遅延損害金利率への反論

　退職した労働者から未払賃金請求の訴訟を提起され、係属中です。労働時間を争っているのですが、いくばくかの未払賃金の支払義務は認められると思われます。未払賃金に対する遅延損害金として、年14.6％の割合による遅延損害金を請求されているのですが、この遅延損害金の利率について何か反論できるでしょうか。

A　支払が遅滞している賃金の全部又は一部の存否にかかる事項に関し、合理的な理由により、裁判所又は労働委員会で争っている場合には、これを抗弁として、民事法定利率3％（基準日によっては民法改正前の商事法定利率6％）による支払で足りるとの反論が可能である。

解説

1 退職労働者の未払賃金に対する遅延利息

　割増賃金に対する遅延損害金は、原則は、通常の金銭債権に対する遅延損害金と同様に、民法上の法定利率である年3％（令和2年3月31日までに発生した賃金債権は商事法定利率である年6％）であるが、労働者の退職後は、賃確法6条1項・賃確法施行令1条に基づき年14.6％となる。

2 退職後の利率に対する反論

　賃確法6条1項の規定は、賃確法規則6条各号に該当する場合、その事由が存する期間については適用されない（賃確法6条2項）。賃確法規則6条に掲げられた各事由は、労働者からの年14.6％による遅延損害金請求に対する抗弁としての機能を有する。

　賃確法6条1項の適用が除外されるのは以下の各場合である。

　①天災地変（賃確法規則6条1号）

　②事業主が破産手続開始の決定を受け、又は同法2条1項各号に掲げる

いずれかに該当することとなったこと（同規則6条2号）

③法令の制約により賃金の支払に充てるべき資金の確保が困難であること（同規則6条3号）

④支払が遅滞している賃金の全部又は一部の存否に係る事項に関し、合理的な理由により、裁判所又は労働委員会で争っていること（同規則6条4号）

⑤その他前各号（上記①〜④）に掲げる事由に準ずる事由（同規則6条5号）

この点、同規則6条4号は、あくまでも「合理的な理由」によって争っていることを要求しているところ、いかなる場合に「合理的な理由」が認められるかが問題となる。この点、以下の裁判例がある。

レガシィ事件・東京高判平成26年2月27日労判1086号5頁は、労働者の割増賃金支払の前提問題として、専門業務型裁量労働制（**Q16**参照）が労働者に適用されるか否かが争点の一つとなっていて、その対象業務の解釈が争われているところ、この点に関する当事者双方の主張内容や事実関係に照らせば、使用者が労働者の割増賃金の支払義務を争うことには合理的な理由がないとはいえないというべきとして、賃確法6条2項により同条1項を適用せず、商事法定利率を適用した。

他方、東京港湾運送事件・東京地判平成29年5月19日労判1184号37頁は、商品破損等を理由とする損害賠償金と賃金との相殺及び物損事故の直後に会社の指示で出勤しなかったことにかかる基本給の減額に対し、労働者が当該相殺及び減額にかかる賃金の支払請求をした事案について、労働者の支払請求には理由があり、使用者が相殺及び控除の処理を行うことに法律的、事実的な根拠があったとは認められず、また、根拠があると誤信してもやむを得ないといえる特別な事情も認めるに足りないとし、賃確法規則6条4号に該当することを否定した。

（伊藤安耶）

第5章

紛争解決の実際

　どのようにして紛争を解決するのかに関し、とりうる手続等に対する理解が不可欠である。本章では交渉と法的手続の実際を紹介し、他の従業員への影響や初回法律相談のポイントについても取り上げる。近時、紛争解決の中心的な手続となっている労働審判手続については、特に精通することが求められる。

1 労働者からの内容証明郵便の受信

1 残業代請求事件の端緒

　使用者にとっての残業代請求事件は、ほとんどの場合、労働者代理人（労働者本人の場合も時折見られる）から残業代請求の通知書を内容証明郵便によって受領することから始まる。そして、この通知書を持参した使用者からの初回相談への対応から、使用者代理人の残業代請求事件への関与は始まることとなる（初回相談のポイントについて本章❽参照）。

2 受任通知の送付

　使用者の代理人に就任してまず行うことは、自らが当該案件を受任したことを知らせる書面（受任通知）を労働者代理人に送付することである。これにより交渉のルートを代理人間に絞って無用の混乱を避けるとともに、使用者から窓口となる負担を取り去ることができる。

3 通知書への対応

　その後の対応は、労働者からの通知書の内容に応じて異なってくる。

　労働者から最初に届く通知書の内容は、事案の内容、労働者の手元にある資料の多寡、労働者の代理人の方針等に応じて千差万別であるが、内容証明郵便には別表や根拠資料を同封できないこともあって、請求額とこれを基礎付ける根拠事実の概略程度が記載されていることが多いのではないかと思われる。この場合、使用者の代理人としては、使用者から資料の提供を受けたり聴き取りを行ったりすることにより、事案の概要を把握するのと並行して、労働者からの通知書の内容を検討し、通知書への反論を行うのか、その前に労働者の主張の内容をより明らかにするための質問を行うのかを見極めることとなる。質問の内容としては、請求額の算定根拠である表計算ソフトの開示を求めることも選択肢の一つである。

場合によっては、請求額の算定根拠である表計算ソフトのプリントアウトが内容証明郵便と別送されてくるなど、最初の通知書の段階で労働者の主張が一通り明らかになっていることもある。この場合、使用者は当該通知書の内容を精査し、訴訟にいたった場合の結論の見通しを立てたうえで、必要な反論を行うこととなる。このような場合には、早めの段階で使用者との間で和解方針に関する協議を開始することが早期解決に資することもある。なお、使用者としても認めざるをえない労働時間の特定や未払残業代の計算、不活動時間の労働時間該当性を見極めるための事実確認等、調査・検討に時間を要する場合もあるが、そのような場合には、時間を要する旨だけでも労働者の代理人に伝えておき、予期せぬタイミングで無用の法的手続をとられることを避けようと試みることも一考に値する。

　他方、請求額のみが記載されており、その根拠を読み取ることのできない通知書を受領することもある。このような場合には、まずは請求額の根拠の説明を求めて、論点を明らかにしたうえで具体的な反論に進むことが合理的であることが多い。

　また、請求額の特定や具体的な主張をすることなく、残業代に関する資料の開示のみを求める通知書を受領することもある。このような通知書にどのように対応すべきかはケースバイケースであるが、労働契約書や就業規則といった労使間で共有すべきルール等に関する資料、証拠保全の対象となるような資料などはともかく、広汎な資料について、必要性の説明もなく網羅的な開示要求を受けた場合には、残業代請求訴訟における主張・立証責任の所在等に触れるなどしたうえで、可能な限り請求内容を明確にすることや、当該資料の開示を必要とする理由の説明を求めることを検討すべきケースもある。

　いずれの場合においても、使用者の代理人としては、通知書自体の検討や対応のみにとどまらず、積極的に使用者から資料の提出を受け、事実関係を聴き取ることにより、事案の全体像を把握し、法的手続に進んだ場合の見通しを立て、使用者と対応方針をよく協議することが肝要である。

（中野智仁）

2　交渉の実際

1　労働者との交渉

　交渉の開始にあたっては、あらかじめ法的手続にいたった場合の見通し
を立てたうえで、労働者側の請求が過剰である場合は早期に交渉を打ち切
る判断が必要な場合もあり、反対に、請求が適切である場合には早期の合
意を目指すことが必要である。

　労働者が使用者との交渉経過や結果を他の労働者に口外してしまった場
合、使用者としては更なる残業代請求を受けるリスクを負うことになる。
そのため、使用者としては、交渉によって合意にいたった場合、労働者に
対し、交渉経過と結果について、他の労働者を含む第三者に口外すること
を禁止する条項を合意書面に設ける必要がある（本書166頁【合意書の書
式例】参照）。

2　ユニオンとの団体交渉

　ユニオンとは、企業別組合を組織しにくい中小企業の労働者が一定地域
ごとに個人で加盟できる労働組合のことをいう。

　個別労働紛争にユニオンが介入する場合、具体的日時を一方的に設定し
た団体交渉の申入書が使用者に郵送又はFAXにて届くことが多い。

　使用者には団体交渉に応じる義務があり、正当な理由なくこれを拒否す
ることは不当労働行為に該当する（労組法7条2号）が、ユニオンが提示
する交渉日時に常に従わなければならないわけではなく、業務や交渉のた
めの準備の都合を踏まえ、対応可能な日時を回答すれば足りる。

　使用者は単に交渉すればよいというわけではなく、誠実に交渉する義務
を負う。もっとも、ユニオンの主張や請求を受け入れなければならないわ
けではなく、使用者において試算した時間外労働の時間数や残業代の金額
を踏まえ、主張すべき点は主張しつつ交渉を行えばよい。また、参加人数

や交渉予定時間については団体交渉の前に確認し、定めておかないと、ユニオン側の関係者が多人数参加したり、長時間に及んでしまったりする場合があるため、あらかじめ確認し、参加人数と予定時間を設定しておくことが望ましい。

交渉にあたっては、ユニオン側の了解を得たうえで、録音することが望ましい。交渉では、時に、ユニオン側から強い口調で非難を受けることがあるが、録音することにより、ある程度これを抑止することができる。

団体交渉については1回では終わらず、2回以上行われることも少なくない。妥結の見込みがなく、交渉が延々と続けられると、使用者の業務に支障が生じることもあるため、次回期日を定める際には、次回期日での到達目標を双方合意のうえで定めておくようにすべきである。

交渉が合意に達した場合、使用者としては、ユニオンだけではなく、労働者本人を当事者として、三者間で合意書を取り交わすべきである（本書166頁【合意書の書式例】参照）。　　　　　　　　　　　　（杉原弘康）

【合意書の書式例】

合　意　書

　株式会社〇〇〇〇（使用者）を甲、〇〇〇〇（労働者）を乙、〇〇〇〇（労働組合）を丙として、甲と乙及び丙とは、本日、乙の甲に対する未払賃金請求に関する甲と丙との間の団体交渉について、以下のとおり合意した。[1]

（解決金）
1　甲は、乙に対し、本件解決金[2]として金〇〇円の支払義務があることを認め、これを令和〇年〇月〇日限り、乙の指定する下記口座宛振込の方法により支払う。
　　　ただし、振込手数料は甲の負担とする。
　　　　　　　　　　　　　　　　記
　　　　　　　銀行名・支店名　　〇〇銀行〇〇支店
　　　　　　　口座の種類　　　　普通預金口座
　　　　　　　口座番号　　　　　〇〇〇〇〇〇
　　　　　　　口座名義人　　　　〇〇〇〇〇〇

（信用毀損等の禁止[3]）
2　甲と乙及び丙とは、相手方の信用及び名誉を棄損しないこと、相手方の業務を妨害しないこと並びに相手方の権利及び利益を不正に侵害しないことを相互に約束する。

（口外の禁止[4]）
3　甲と乙及び丙とは、本合意の内容及びその成立にいたる経過について、法律上の義務に基づく場合を除き、第三者に口外しないことを約束する。

（清算条項）
4　甲と乙及び丙とは、甲と乙及び甲と丙との間には、本件に関し[5]、本合意書に定めるものの他には何らの債権債務が存在しないことを確認する。

本合意成立の証として、本合意書3通を作成し、甲乙丙が各1通を保有する。

　　　令和○年○月○日

　　　　　　　　　　　　　　　　甲　住所
　　　　　　　　　　　　　　　　　　会社名
　　　　　　　　　　　　　　　　　　代表者肩書・代表者氏名・印

　　　　　　　　　　　　　　　　　　甲代理人事務所住所
　　　　　　　　　　　　　　　　　　甲代理人弁護士名　　　　　印

　　　　　　　　　　　　　　　　乙　住所
　　　　　　　　　　　　　　　　　　氏名　　　　　　　　　　　印

　　　　　　　　　　　　　　　　丙　住所
　　　　　　　　　　　　　　　　　　労働組合名
　　　　　　　　　　　　　　　　　　代表者肩書・代表者氏名・印

1　本書式は、未払賃金請求に関する合意に限定しているため、労働者の退職やその他の労働問題（ハラスメントの主張等）を含めた合意をする場合には合意事項を具体的に明示するか、「甲乙間の労働契約についての一切の紛争・権利関係についての合意等」と記載する。

2　労働者から未払賃金請求を受けた場合でも、未払残業代等の存在を正面から認めるのでない限りは、「解決金」名目で合意することになる。
　　仮に「未払賃金」名目で支払う場合には、会社に所得税等の源泉徴収・納税義務があるため、支払額からの控除額に行き違いが生じないよう、合意書の条項中に源泉徴収に関する定めをおくことが望ましい。

3　労働者からの請求及び主張の各内容、交渉の経過等を踏まえ、合意できる範囲で条項を設けることになる。労働基準監督署長その他の行政庁への告訴、告発及び異議申立等を行わないといった条項を入れることを検討すべき場合もある。

4　他の労働者及び取引先等への影響から、口外禁止条項は必須である。

5　本書式は、未払賃金請求に関する合意に限定し、「本件に関し」との文言を入れたものとなっているが、一切の債権債務が存在しないことを確認できる場合には、同文言を削除し、一切の債権債務を残さないようにする。
　　また、使用者の役員に対する請求を防ぐためには、役員を含めた合意をする必要がある。

　　　　　　　　　　　　　　　　　　　　　　　　　　　　　（伊藤安耶）

3 労働審判手続の実際

1 手続の概要

（1）労働審判手続とは

　労働審判手続とは、個別労働関係民事紛争に関し、裁判所において、労働審判委員会が、当事者の申立により、事件を審理し、調停の成立による解決の見込みがある場合にはこれを試み、解決にいたらない場合には審判を行う手続である（労審法1条）。

　個別労働関係民事紛争とは、労働契約の存否その他の労働関係に関する事項について個々の労働者と事業主との間に生じた民事に関する紛争であり、労働審判委員会とは、裁判官（労働審判官）と労使の実務家（労働審判員）各1名の3名で組織する委員会である。

　労働審判手続においては、特別の事情がある場合を除き、3回以内の期日において審理を終結しなければならない（労審法15条2項）。

　個別労働関係民事紛争を専門的かつ簡易迅速に解決するための手続として、平成18年4月から運用が開始され、近年では（地方裁判所において）労働関係の民事通常訴訟の新受件数を上回る年間3500件前後で高止まりしている状況にあり（水町1340頁）、裁判所による労働関係紛争解決のための中心的な手続となっている。

（2）審理期間・解決率

　大部分の事件は3回以内の期日で終結し、平均審理日数は労審法施行以来70日台程度にとどまっている。また、申立事件の約7割は調停で解決しており、審判にいたる事件は全体の2割弱、その4割前後が審判への当事者からの異議がなく確定していることから、労働審判手続の解決率は約8割にも及んでいる（菅野1150頁）。

（3）残業代紛争における利用

　労働審判手続が利用される事件としては、解雇無効を理由とする地位確認請求事件が最も多いが、残業代請求事件で利用されることも多く、申立件数の相当割合を占めている。残業代請求事件の多くが労働審判手続により解決されていることから、残業代紛争を担当する使用者の代理人は、労働審判手続に精通することが求められる。

　なお、残業代請求事件において、労働時間の認定につきその細部まで当事者間に厳しい対立があり、当事者等への質問、証拠との照合等を経て逐一認定判断を要するような事案では、労働審判手続の中で審理を尽くすことが困難な場合もあり（佐々木409頁）、労働審判手続には馴染まないこともある。

2　手続の特色

（1）労働審判員の専門的な知識・経験の活用

　手続を行う労働審判委員会が、裁判官である労働審判官1名のほか、労働関係の専門的な知識経験を有する労働審判員2名（労使それぞれから1名ずつ）によって構成されることにより、労働関係の専門的な知識・経験を活用できる手続となっている。

（2）紛争の迅速で集中的な解決

　原則として3回以内の期日で審理を終結しなければならないことから、当事者から充実した申立書・答弁書と書証が提出されることを前提として、直接主義・口頭主義の利点を活かした審尋手続によって迅速に権利関係に関する心証を形成し、その心証に基づき調停ないし審判により短期間で集中的に紛争解決を試みる手続である。

（3）積極的な調停の実施

　上記のような審理により権利関係を効率的に把握して、その心証を示しつつ紛争の実情に即した解決案を提示し、手続内で積極的に調停が行われることで、調停の成立率が高く、紛争の解決率が高い手続となっている。

成立した調停は裁判上の和解と同一の効力を持つ（労審法29条2項・民調法16条）。

（4）柔軟な審判

　調停によって解決できないときは審判が行われる。審判では紛争の解決のために相当と認める事項を定めることができ（労審法20条2項）、権利関係と手続の経過を踏まえつつ、事案の実情に即した解決が示される。当事者が審判を受諾できないときは、2週間以内に異議を申し立てることができるが（同法21条1項）、適法な異議の申立がないときは、審判は裁判上の和解と同一の効力を有する（同条4項）。

（5）訴訟手続との接続

　審判に対し当事者から適法な異議の申立があると、労働審判は失効し（労審法21条3項）、労働審判の申立の時に遡って訴えの提起があったものとみなされる（同法22条1項）。審判により解決できなかった場合、当然に訴訟手続に移行することから、訴訟手続に要する時間・費用等を考慮し、当事者が調停を成立させ、また、審判を受諾することを促すことが期待できる。

　以上については菅野1147頁を参考にした。

3　手続の流れ

　残業代紛争においては、労働者が申立人となり、残業代請求の申立がされることが通常であることから、ここでは、使用者の側の視点に立ち、労働審判手続における相手方から見た手続の流れを概観する。

（1）期日指定・呼出し

　労働審判官は、労働審判手続の期日を定めて、事件の関係人を呼び出す（労審法14条1項）。特別の事由がある場合を除き、申立がされた日から40日以内の日に指定しなければならない（労審規則13条）。また、労働審

判官は答弁書の提出期限を定め（同規則14条1項）、呼出状には提出期限までに答弁書を提出すべき旨を記載する（同規則15条2項）。提出期限は、第1回期日の1週間程度前とされることが多い。

　期日の変更は、顕著な事由がある場合に限り、することができる（労審法29条1項・非訟法34条3項）。第1回期日の指定は相手方の都合を聞かずになされるので、指定された期日に出頭することができないといった事態や準備が間に合わないという事態（受任が第1回期日の直前となった場合など）を想定することができる。この点、労働審判員を指定するまでの間（通常は第1回期日の2週間から3週間前までの間）であれば、申立人の意向や具体的な変更理由等も考慮しつつ、期日の変更の申立は認められる場合があるが、その時期を過ぎてしまうと認められない（白石579頁）ことが少なくない。期日変更の申立は呼出状を受け取った後、早期に行わなければならない。

（2）答弁書の提出・記載事項

　労働審判の相手方は、提出期限までに答弁書を提出しなければならず、答弁書には、①申立の趣旨に対する答弁、②申立書に記載された事実に対する認否、③答弁を理由付ける具体的な事実、④予想される争点及び当該争点に関連する重要な事実、⑤予想される争点ごとの証拠、⑥当事者間においてされた交渉その他の申立にいたる経緯の概要を記載しなければならない（労審規則16条1項）。また、予想される争点についての証拠書類があるときは、その写しを答弁書に添付しなければならない（同条2項）。

　本書181頁の【答弁書の書式例】を参照されたい。

（3）第1回期日

　相手方の答弁に対する申立人の反論、これに対する相手方の再反論は、期日において口頭でするものとされ（労審規則17条1項）、労働審判委員会は、当事者の陳述を聴いて争点及び証拠の整理をし、期日において行うことが可能な証拠調べを実施する（同規則21条1項）。

　証拠調べとしては、証拠書類の取調べを行ったうえで、当事者の審尋が

行われるのが一般的である。審尋にあたっては、労働審判官が質問することが多いが、労働審判員も適宜質問をし、双方当事者の代理人が質問することもある（白石580頁）。

労働審判委員会は、証拠調べにより権利関係についての心証を形成し、形成した心証をもとに、第1回期日から調停を行う。第1回期日で調停が成立し、解決となることも少なくない。

これらのことを処理するため、第1回期日は2時間程度が予定される場合が多く、2時間を超える場合もある。

（4）第2回期日・第3回期日

第2回期日においても補充的に主張や証拠書類の提出が可能であるが、やむを得ない事由がある場合を除き、第2回の期日が終了するまでに主張及び証拠書類の提出を終えなければならない（労審規則27条）。

一般的には、もっぱら調停に関する処理がされ、第2回期日で成立にいたらなくとも、続行することで調停成立が期待できる場合に第3回期日が指定される。第1回期日後の期日は訴訟手続に比べて短期間に設定されることが多いように思われる。

いずれの期日についても、1時間程度が予定される場合が多い。

（5）審判

調停による解決にいたらない場合、審判が行われる。労働審判委員会において心証形成ができている限り、調停による解決の見込みがなければ、第1回期日で審判がされる場合もある。

法文上、審判は審判書を作成して行うのが原則とされ（労審法20条3項）、審判の効力は、審判書が当事者に送達された時に生ずるとされているが（同条4項）、労働審判委員会は、相当と認めるときは、審判書の作成に代えて、すべての当事者が出頭する労働審判手続の期日において口頭で告知する方法により、審判を行うことができ、その場合は、審判の効力は告知された時に生じるとされており（同条6項）、実際には口頭告知によることの方が一般的となっている。口頭告知による場合、裁判所書記官が審判

内容を調書に記載する（同条7項）。

審判の主文は、いわゆる「判決主文型」といわれる通常の判決に類似したものと、いわゆる「調停条項型」といわれる調停条項に類似したものに分類されるが、委員会が双方に調停案として示した内容を主文の内容とする「調停条項型」がとられることがほとんどである（白石583頁）。

（6）異議の申立

当事者は、審判に対し、審判書の送達又は労働審判の告知を受けた日から2週間の不変期間内に、裁判所に異議の申立をすることができる。口頭告知の場合、告知を受けた当日から異議申立期間が進行することに注意が必要である。

適法な異議の申立があったときは、審判はその効力を失い、労働審判手続の申立にかかる請求については、当該労働審判手続の申立の時に審判が行われた際に事件が係属していた地方裁判所に訴えの提起があったものとみなされる。これに対し、適法な異議の申立がないときは、審判は裁判上の和解と同一の効力を有する。

（7）24条終了

労働審判委員会は、事案の性質に照らし、労働審判手続を行うことが紛争の迅速かつ適正な解決のために適当でないと認めるときは、労働審判手続を終了させることができる（労審法24条1項）。これは24条終了といわれることがある。労働審判手続は3回以内の期日において審理を終了させる迅速な手続なので、3回以内の期日では審理が困難である事件などは、制度に適していない（菅野1163頁）ことによる終了事由である。

24条終了がされた場合、審判に対し適法な異議の申立があった場合と同様に、当該申立にかかる請求については、申立時に訴えの提起があったものとみなされる（同条2項）。

4　手続活用のポイント

労働審判手続は原則3回以内の期日という短期間で労働紛争が解決され

る可能性を有し、申立書・答弁書と基本的な証拠書類といった最小限の書面と審尋による当事者等の口頭陳述のみで心証を形成し、早期の段階で調停が試みられる。また、調停不成立の場合でも、労働審判委員会が手続内で示した解決案に基づき、柔軟な審判がされ、労働者から異議申立がなく終了することも少なくない。

　このように迅速かつ柔軟な解決を得られうる手続であることに加え、労働者において労働審判手続を選択したということは、労働者においても訴訟手続におけるような厳格かつ硬直的な解決ではなく、柔軟な解決、特に、調停による早期の解決を期待ないしは許容していると推測することができ、残業代紛争における使用者にとっても、迅速に、適切かつ妥当な解決が得られる可能性を有する手続である。使用者においては、労働審判手続に積極的に臨み、活用することで、訴訟手続によるよりも早期に、適正かつ妥当な解決を得ることを目指すべきである。

　以下では、残業代紛争に関し、使用者の代理人として労働審判手続に臨む際に留意すべきポイントをあげる。

（1）充実したわかりやすい答弁書の作成

　労働審判手続では、第1回期日において労働審判委員会が権利関係に関する心証を形成し、調停を行い、調停成立の見込みがなければ、第1回期日で審判を行うこともあり、第1回期日中心主義がとられている。したがって、第1回期日が大変に重要である。労働審判委員会が第1回期日で心証を形成し、調停の内容、進め方を正確に決定するためには、労働審判委員会において、第1回期日前に、当事者から提出された申立書・答弁書と証拠書類から事案の概要と当事者の主張を把握し、あらかじめ可能な範囲で争点を整理しておくことが必要となる。また、労働審判官及び労働審判員は、事実上、争点に関し暫定的な心証を形成しておき、第1回期日における審尋等により暫定的な心証の妥当性を検証しているものと思われる。さらに、労働審判官及び労働審判員とも、申立書・答弁書に記載された申立にいたる経緯の概要、特に当事者間の交渉経過を参考に、調停の内容と進め方のイメージを持って期日に臨んでいると想像できる。

使用者側において労働審判手続を有効に活用し、適正かつ妥当な解決を得るためには、第1回期日前の準備が重要であり、適正かつ妥当な解決が得られるか否かは、第1回期日前の準備にかかっているといっても過言ではない。

　第1回期日前の準備として第一に留意しなければならないことは、充実したわかりやすい答弁書の作成である。上記のとおり、労働審判官及び労働審判員が第1回期日に臨むにあたり、得られる情報は事前に提出された書面のみであり、そこから争点整理の準備と暫定的な心証形成がされていると思われることから、使用者の代理人としては、使用者の主張を労働審判官及び労働審判員に正確に理解してもらえるよう、答弁書の作成には最大限の注意を払う必要がある。正確な理解を得るためには、労審規則16条1項記載の答弁書の記載事項が網羅されていることが必要であり、申立書記載の事実に対する認否にあたっては、必ず理由を付すべきで、主張すべき抗弁事実は漏れなく答弁書段階で主張しておかなければならない。申立人から予想される反論に対する再反論もしておくべきである。

　加えて、答弁書の提出期限から第1回期日までが1週間程度であることからすると、答弁書は労働審判官及び労働審判員が一読して理解できる、わかりやすいものであることが望まれる。争点を明確にし、内容を十分に整理し、労働審判官及び労働審判員が理解しやすいよう、構成及び表現を工夫すべきである。労働審判手続における答弁書は、後日、準備書面で主張を補充、追加し、争点を明確化していくことが前提とされた訴訟手続における答弁書とは、手続上の意義と重要性において大きく異なるのであり、訴訟手続における答弁書をイメージして労働審判手続における答弁書を作成することがないようにしなければならない。

　残業代請求事件の場合、法定労働時間の規定が適用除外となる管理監督者であるといった抗弁を主張する場合であっても、申立人主張の労働時間に対してはきちんと認否するべきことは当然のことであり、否認する場合には必ず理由を付す必要がある。また、単に申立人主張の労働時間を一般的ないしは部分的に否認するだけでなく、使用者が認識している労働時間について実際の始業時刻・終業時刻を明確にしたうえで、一覧表を添付す

るなどして主張し、使用者主張の労働時間を前提とした残業代の金額を月ごと及び総額として主張しておくべきである。タイムカードやパソコンのログ記録等の客観的証拠資料がある場合には、使用者の主張を立証する証拠資料を答弁書において明示しておくべきである。

本書181頁【答弁書の書式例】を参照されたい。

なお、事件ごとに指名される非常勤の労働審判員が事前に主張や証拠資料を検討できるよう、答弁書の提出期限は厳守しなければならない。

（2）立証の準備

第1回期日前の準備として、次に行うべきは、立証の準備である。第1回期日で心証が形成されることから、就業規則、タイムカード、ログ記録、給与明細、賃金台帳等、使用者において保有している主張を根拠付ける資料は、答弁書ともに提出し、証拠説明書も提出する。

第1回期日では当事者及び関係者に対する審尋が行われるのが一般的であることから、主張する事実に関して陳述することができる者を同行する必要がある。中小企業、特に小規模な事業者の場合、代表取締役が出頭し、審尋されることが多いが、労働時間を管理する立場にあった者や現場の責任者、上司等、代表取締役以外に陳述することが適当な者がいる場合は、それらの者も同行する必要がある。

代表取締役その他の審尋の対象となる者に対しては、第1回期日前に手続について十分に説明し、審尋において想定される質問事項を示し、記憶を喚起し、誤解を受けない回答の仕方等、審尋への対応方法を助言する必要がある。裁判所における手続が初めてという者は多く、仮に証人尋問等の経験があったとしても、事件ごとに聴かれる事項は異なり、また、訴訟手続における尋問ほどの厳格性がなく、柔軟に行われる審尋においては、それに応じた準備が求められる。あくまでも記憶のとおり陳述してもらえばよいのであり、使用者に有利になるよう特段の配慮をする必要はなく、間違っても虚偽の事実や記憶にない事実を述べさせるようなことがあってはならない。質問の趣旨を正確に理解したうえで、必要な事項をきちんと述べることと、聴かれていないことを長々と述べるようなことがないよう

助言すべきである。経験上、労働者側、使用者側を問わず、審尋で気になるのは、当然答えられるであろう質問に対し、その内容を理解せず、予想ないし期待した陳述がされないこと、質問の趣旨とは異なる事項を長々と述べ続けることである。審尋での当事者等の陳述を聴いていると、代理人の準備の程度がおのずとわかるものである。

　せっかく充実した答弁書を作成、提出することができても、それにより形成された暫定的心証が、審尋により検証されることにより台無しになってしまうおそれがある。答弁書における主張に矛盾した陳述がされないよう、審尋対策は十分に行う必要があり、そもそも矛盾した陳述がされるような主張を答弁書において行わないようにしなければならない。そのためには、代表取締役その他の期日に同行する者については、早期の段階から答弁書作成のための事情聴取及び手続に関する打ち合わせに参加してもらい、それらの者の記憶と陳述を前提とした答弁書を作成し、そこで主張した事実と矛盾なく、また、労働審判委員会にわかりやすく、誤解を受けない陳述をしてもらえるよう準備を行うことが望まれる。

（3）調停の準備

　権利関係に関する心証形成が正しくなされるための以上の準備に加え、第1回期日に臨むにあたっては、同期日で行われることが一般的である調停に対する準備も十分に行っておく必要がある。労働審判委員会は、第1回期日で心証形成ができれば、その心証に基づいて調停を進め、調停案を提示する。第1回期日の様子を見てから調停に対する態度を考えればよいと思っていると、労働審判委員会の調停案とそれに対する申立人の意見を前提に調停が進んでいってしまうことも十分にありえる。応じられない調停案であれば拒否すればよいのではあるが、その場合には審判がされる可能性があり、審判の内容は労働審判委員会が示した調停案のとおりとなることが少なくない。調停に使用者の意見が反映されるよう、調停の当初から主体的、積極的に調停に対応しておくべきである。

　そのためには、第1回期日前の準備段階において、調停に対する方針、求める調停の内容を依頼者（使用者）と十分に打ち合わせておかなければ

ならない。使用者においては、労働審判にいたる諸々の経緯を踏まえ、一定の負担を負うことになる調停に難色を示すことが少なくない。また、調停に応じるとしても、およそ法的にみて過小な負担にとどめることに固執することもある。しかしながら、残業代紛争においては、一定の時間外労働等が存在しており、全額は支払われていないことにより、法的には未払の残業代を支払う義務を負っていることが多い。管理監督者等にあたることで法定労働時間等の規定が適用されない場合はあるが、これらの抗弁が認められるためには厳格な要件をみたす必要がある。また、残業代の支払に関しても、固定残業代による支払が残業代の支払とは認められない場合もある。経営上ないしは心情において、支払うべき残業代は少額であるに越したことはないが、訴訟手続になれば、遅延損害金、さらには付加金の支払が必要となる場合もあり、労働審判手続の段階で、より迅速かつ柔軟な解決を図ることが支払額を最小限にとどめることになる。

労働審判手続は原則3回以内で終了し、第1回期日で権利関係に関する心証が形成されることが一般的であるが、このような短期間に、限られた主張と証拠資料により形成される心証にはおのずと幅が生じる。その幅の中で、可能な限り使用者に有利な内容の解決案に労働者が同意する場合には、使用者においては、労働審判手続において解決することで、訴訟手続によった場合に比し、負担を軽減することが可能となる。また、訴訟手続に伴う時間的負担や弁護士費用の負担を節約することもできる。

依頼者（使用者）に対しては、以上の事情を十分かつ丁寧に説明し、その理解を得て、主張は主張として、労働審判委員会がどのような心証を形成するかを予測し、予想される一定の幅の中で、少なくとも最低限の負担は覚悟し、調停を成立させることの理解を求めておくべきである。また、幅の中で使用者として許容しうる最大限がどの程度であるかを確認し、その範囲内では調停成立を検討することの了解を得ておくことが望ましい。

このような了解が得られている場合、第1回期日における調停では、積極的に当方が希望する最低限の負担に基づく解決案を提示し、労働者の了解が得られない場合に、使用者が了解可能な金額の上限のイメージ（具体的な金額等を示すか否かはともかくとして）は伝えておいた方がよい。同

提案が労働審判委員会の解決案の範囲内にある限りは、委員会において申立人を説得することが期待でき、使用者にとって適切かつ妥当な解決が得られる可能性が高まるといえる。

　なお、期日において調停成立の機運が高まった場合、そのタイミングを逃すことで、申立人が翻意し、妥当と考えられる調停が成立できずに終わる可能性もあるため、第1回期日には、調停成立を決定できる者を同行するか、一定の幅の中で代理人の判断で調停を成立させることの了解を得ておく必要がある。

（4）異議申立の検討

　労働審判手続によった場合、多くの事件が調停成立で終了しているが、調停成立にいたらず、審判が行われる場合も当然のことながらある。上記のとおり、使用者においては、訴訟手続による場合に比べ、労働審判手続において調停成立により解決した方が、より適切・妥当な場合が多いと考えるが、限られた準備期間と期日では労働審判委員会に権利関係に関する正しい心証を形成させることができず、調停案が明らかに不合理で、要する時間的・費用的負担を考慮しても、訴訟手続によった方がより適切・妥当な解決が得られる可能性が高い場合には、使用者において調停を拒否すべき場合もある。

　その結果、審判がされた場合、その内容が同じく不合理で、要する時間的・費用的負担を考慮しても、訴訟手続による方がより適切・妥当な解決が得られる可能性が高い場合には、異議を申し立てることになる。ただし、訴訟手続によった方が真に適切・妥当な解決が得られるかについては、争点に関する使用者の主張の立証可能性に加え、訴訟手続に要する時間的・費用的負担を慎重に検討する必要がある。それでもなお異議申立を行う場合は、申立期間を徒過しないようくれぐれも注意しなければならない。

　なお、労働者主張の労働時間を逐一細かく争っていく必要がある場合や、管理監督者に該当することや固定残業代による支払といった抗弁について、労働者の反論を踏まえて十分な再反論を行い、また、人証の取調べを行ったうえで、より厳格かつ慎重に心証形成してもらうことが妥当な場

合は、訴訟手続によるべきであり、労働審判手続によることは適当ではない。24条終了（上記3（7）参照）を求めることを検討すべき場合もある。

（5）方針決定とスケジューリング

　労働審判手続は使用者にとっても有用な制度であり、十分な事前準備と調停への主体的、積極的な対応により、残業代紛争の適正で妥当な解決に資する制度といえる。この点、十分な事前準備と調停への適切な対応のためには、労働者の主張や労働審判手続にどのような方針で臨むのかを早期に決定し、第1回期日までの準備と対応のスケジュールを立てることが不可欠である。方針決定とスケジューリングのためには、解決までの正確な見通しが前提となることから、早期に事実関係を把握し、必要な証拠資料を確保して、できる限り早い段階で正確な見通しを立てる必要がある。残業代紛争に関する労働法規、裁判例を深く理解し、労働審判手続の特色・流れに精通することが望まれる。　　　　　　　　　　　　（狩倉博之）

【答弁書の書式例】

令和○年（労）第○○○号　未払賃金請求労働審判事件[1]
申立人　○○○○
相手方　○○株式会社

答　　弁　　書[2]

令和○○年○○月○○日[3]

○○地方裁判所　御中[4]

〒○○○－○○○○
○○市○○区○○町○丁目○番地
○○ビル○○号室
○○○○法律事務所（送達場所）
電　話○○○－○○○－○○○○
FAX　○○○－○○○－○○○○[5]
相手方代理人弁護士　○　○　○　○　印[6]

第1　申立の趣旨に対する答弁[7]
　1　申立人の請求を棄却する。
　2　申立費用は申立人の負担とする。
　との労働審判を求める。

第2　申立書に記載された事実に対する認否[8]
　1　「第2　申立の理由」について
　（1）1項「当事者」については認める。
　（2）2項「雇用契約の条件」のうち、……については認め、その余は
　　　否認する。
　　　　　……の事実については、……ではなく、……である。
　（3）3項「労働基準法施行規則19条1項4号による計算方法の基礎
　　　となる事実」のうち、……については認め、その余は否認する。
　　　　　通勤手当及び業務手当は、……
　（4）4項「時間外の労務提供の事実」のうち、……については認め、
　　　その余は否認する。
　　　　　申立人提出の労働時間一覧表は、事前承認のない残業時間及びタ
　　　イムカードに記載のない時間を含むものであるから、……
　（5）5項は争う。
　2　「第3　予想される争点及びそれに対する反論○○○○」について
　　　……
　3　「第4　申立にいたる経緯」について……

第3　相手方の主張[9]
　1　労働時間に該当しないこと
　（1）事前承認のない残業であること

　（2）手帳のメモの記載が根拠とならないこと

　（3）小括
　　　以上より、申立人の労働時間は、本答弁書別紙の労働時間一覧表
　　（省略）のとおりであり、……
　2　時間外労働の賃金単価の誤り

　3　固定残業代による弁済がなされていること

第4　申立人から予想される再反論等に対する再々反論[9]
　1　残業の事前承認について
　（1）申立人から予想される再反論

　（2）相手方からの再々反論

　2　業務手当について
　（1）申立人から予想される再反論

　（2）相手方からの再々反論

第5　申立にいたる経緯
　　　相手方は、○○年○○月○○日、申立人から、内容証明郵便にて、
　　本申立の請求額と同額の割増賃金の請求を受けた（甲○、甲○）。
　　　これを受けて、相手方は、申立人に対し、……

第6　結語[10]
　　　よって、申立人の請求は、理由がなく、速やかに棄却されるべきで
　　ある。

附　属　書　類[11]

　　1．答弁書副本　　　　　　　　　3通[12]
　　2．乙号証写し　　　　　　　　各1通[13]
　　3．証拠説明書　　　　　　　　　1通
　　4．委任状　　　　　　　　　　　1通

以上

1 「事件の表示」(労審規則37条、非訟規則1条1項3号)

2 相手方は労審規則16条1項に基づき労働審判官が定める提出期限（同規則14条）までに答弁書を提出しなければならない。

3 「年月日」(労審規則37条、非訟規則1条1項5号)

4 「裁判所の表示」(労審規則37条、非訟規則1条1項6号)

5 「代理人の氏名及び住所」及び「代理人の郵便番号及び電話番号（ファクシミリの番号を含む)」(労審規則37条、非訟規則1条1項1号・2号)

6 代理人の「記名押印」(労審規則37条、非訟規則1条1項本文)

7 「申立の趣旨に対する答弁」(労審規則16条1項1号)

8 「申立書に記載された事実に対する認否」(労審規則16条1項2号）が必要である。その際、労審規則には規定されていないが、審理充実のため、民訴規則79条3項と同様に、相手方の主張を否認する場合には、その理由を記載すべきであると考えられる。

9 答弁書の必要的記載事項として、「答弁を理由づける具体的な事実」(労審規則16条1項3号)、「予想される争点及び当該争点に関連する重要な事実」(同項4号)、「予想される争点ごとの証拠」(同項5号）が定められている。本書式ではこれら3点を「相手方の主張」と「申立人から予想される再反論等に対する再々反論」とに分けて記載したが、事案や当事者双方の主張内容によっては、「答弁を理由づける具体的な事実」と「予想される争点及び当該争点に関連する重要な事実」とで項を分けて記載する方がわかりやすい場合もあると思われる。

10 事前交渉等があれば「当事者間においてされた交渉（あっせんその他の手続においてされたものを含む。）その他の申立に至る経緯の概要」(労審規則16条1項6号)を記載する。

11 「附属書類の表示」(労審規則37条、非訟規則1条1項4号)

12 答弁書の写し3通を提出しなければならない（労審規則16条3項)。

13 予想される争点についての証拠書類の写しを答弁書に添付しなければならない（労審規則16条2項)。

（笹岡亮祐）

4 訴訟手続の実際

1 訴訟の提起

訴訟の流れに沿って、残業代請求訴訟に特有な事柄を概観する。

残業代請求訴訟は労働者が原告となって提起することが通常であり、使用者は被告として訴状の送達を受けることによって、提訴の事実を知ることとなる。

第3章❶で述べたとおり、残業代請求事件においては、各日の実労働時間及びその時々の基礎賃金の額が原告の主張・立証すべき請求原因事実となる。そして、請求金額を特定するためには、労基法の定める労働時間規制や適用される就業規則に従った複雑な計算を経る必要がある。そこで、残業代請求訴訟においては、表計算ソフトを利用して基礎賃金の額や各日の実労働時間に関する主張を整理することが通例であり、京都地方裁判所所属の裁判官と京都弁護士会の会員有志によって作成された割増賃金計算ソフト「きょうとソフト」（使用上の注意事項とともに日本弁護士連合会の会員専用ページに掲載され、ダウンロード可能）が一般的に用いられている。訴状にも別紙として「きょうとソフト」の入力をプリントアウトしたものが書式として添付されていることが通例であり、その後の審理においては、「きょうとソフト」のデータ（Excel形式）を裁判所・原告・被告が共有し、被告も自らの反論に従った基礎賃金や実労働時間をこれに入力することが求められることが多い。

なお、「きょうとソフト」が対応していない場面（例えば、変形労働時間制、労基法と異なる割増率など）もあるため、これらが関連する事案においては、裁判所や相手方の検証可能性にも配慮して、主張・立証を工夫する必要がある。

以上に述べた通常の訴訟のケースとは別に、労働審判に対する異議や24条終了（本章❸3(7)参照）によって労働審判から訴訟に移行するケー

スがある。この場合の訴訟も概ね通常の訴訟とは異ならないが、労働審判手続において主張の交換や証拠の提出が一通りなされている場合には、訴訟手続における主張・立証の交換は2、3回程度の期日で終了し、早期に人証調べや和解協議へと進むことがある。

　なお、労働審判は移行した訴訟の「前審の裁判」（民訴法23条1項6号）にあたらず、労働審判官を務めた裁判官が移行後の訴訟の裁判体を構成することは適法であるが（小野リース事件・最判平成22年5月25日集民234号99頁）、例えば東京地裁では、労働審判官を務めた裁判官は移行後の訴訟を担当しないという運用をしている。

2　主張・立証の交換
（1）労働時間に関する主張・立証
　残業代請求事件の大きな特徴の一つは、各日の実労働時間という膨大な事実が請求原因事実の一部を構成していることである。

　この特徴によって生じる主張上の問題については、「きょうとソフト」等の表計算ソフトを利用した審理を行うことによって一定の対応がなされている。これにより、使用者（被告）は、各日の実労働時間について主張・立証責任を負わないとはいえ、表計算ソフトに自らの主張に沿った数値を入力するという形式で具体的な反論をすることが求められるうえ、自らが争点形成をしない限り原告の主張する計算に沿った残業代請求が認められてしまうという点において、積極的な反論を行わなければならない立場に置かれている。

　また、立証上の問題についても、立証対象が膨大であることに加えて、使用者が労働時間を管理する義務を負っていることを背景として、タイムカード等の客観的証拠のある場合とこれがない場合のそれぞれについて裁判例上の判断枠組みが形成されており、いずれについても使用者（被告）による積極的な資料の提出や反証が求められている（第3章❹参照）。

　さらに、立証上の問題については、日々の労働時間について具体的な立証がなされていない場合であっても、推計や推認といった手法を用いて概括的に労働時間を認定した裁判例（日本コンベンションサービス事件・大

阪高判平成12年6月30日労判792号103頁、ゴムノイナキ事件・大阪高判平成17年12月1日労判933号69頁）や、民訴法248条の精神に鑑み割合的に時間外手当を認めた裁判例（フォーシーズンズプレス事件・東京地判平成20年5月27日労判962号86頁）も見られる。これらの手法については、前者について「推認ができる程度の客観的な資料による立証は必要である」、後者について「結果的に単に立証責任を軽減する結果となって相当ではない」といった歯止めをかける見解（白石59頁）も示されているが、使用者の代理人としては、これらの推計的認定や概括的認定がなされないようにするためにも、積極的な資料の提出や反証を行う必要がある。

　また、中小企業における労務の内容や就労環境は、使用者ごと、あるいは、事業場や職種ごとに多種多様であり、このことが労働時間該当性の判断に影響を与える可能性も大いにある。

　したがって、労働時間に関する労働者の主張に反論する際には、その前提として、当該労働者の労務の内容や就労環境を具体的に主張・立証したうえで、そのことが労働時間該当性の判断に与える影響を説得的に論じるよう心がける必要がある。

（2）抗弁に関する主張・立証

　言うまでもなく、抗弁事実については、使用者（被告）が主張・立証責任を負っているため、積極的な主張・立証をしなければならない。

　中小企業の残業代請求事件において大きな争点となることの多い抗弁としては、固定残業代による支払、管理監督者、事業場外みなし労働などがあげられる。これらの抗弁が認められるためには、固定残業代の制度そのものの内容、管理監督者該当性を基礎付ける事実、事業場外みなし労働の対象となる労働の実態など、いずれも個別具体的な事実を丁寧に主張・立証する必要がある（第4章の各該当項目参照）。

3　和解

　各日の実労働時間という膨大な事実が請求原因事実の一部を構成していることから、残業代請求事件においては、主張・立証責任に依拠する判決

において出された結論が、当事者双方にとって違和感の残るものになる場合がある（概括的認定や割合的認定を行った裁判例においてはこの点が考慮された可能性がある）。

　また、使用者にとって、判決を避けることには、遅延損害金や付加金の負担を免れる、あるいは軽減できるというメリットもある。

　さらに、他の従業員への波及を避けるためには、公開される判決を受けるよりも、守秘義務を設けた和解により事件を解決したいというニーズもありうる。

　これらの事情もあって、残業代請求事件においては、裁判所の心証の程度等に応じた和解による解決を図る機会が設けられることが通常である。使用者の代理人としては、上記の各考慮事項に加え、裁判所の心証開示や自身の分析に基づく第一審判決の見通しや、これが控訴審で覆る可能性を考慮したうえで、使用者と十分に協議して和解協議に臨むこととなる。

4　第一審判決〜上訴

　第一審判決を受けた後には、その内容を踏まえて上訴の有無を検討することとなる。この際に付加金の取扱いが考慮要素の一つとなることは、第3章❽で述べたとおりである。

（中野智仁）

5 調停条項・和解条項における留意点

1 求められる調停条項・和解条項

　労働審判手続において調停が成立し、また、訴訟手続で訴訟上の和解が成立した場合、それぞれ調停調書・和解調書が作成される。紛争を真に解決するためには、これらの調書に記載される当事者の合意内容が紛争を確定的に終了させ、後日、蒸し返されないものでなければならない。合意内容となる調停条項・和解条項には十分な注意を払う必要がある。

　残業代紛争、特に労働者の退職後に残業代請求がされた場合には、請求された未払賃金の処理のほかに特段の問題がない限りは、条項はそれほど複雑ではなく、定型的なものとなり、労働者が了解することで合意が成立していることからすると、使用者が労働者に対し一定の金額を支払う内容となることが一般的である。必要最低限の基本的な条項としては、①使用者が労働者に対し一定額を支払うことと②使用者が労働者に対しそれ以外に債務を負わないことである。

　使用者において注意すべきは、上記基本的条項が確定的かつ実現可能なものであること、手続終了後の使用者の業務への影響、特に他の従業員等への影響を最小限に抑えること、後日に紛争を残さず、抜本的、最終的解決となるようにすることである。使用者の代理人が注意すべき事項を以下において述べる。また、本書193頁【調停条項の書式例】を参照されたい。

2 使用者代理人が注意すべき事項

（1）支払条項

　使用者が労働者に対して支払を約する金銭の実質は、労働者が請求する未払賃金の全部又は一部である。しかしながら、労働審判手続ないしは訴訟手続がとられているということは、当事者間に残業代の有無・額に争いがあることが通常で、使用者においては、支払う金額の全部、少なくとも

一部を未払賃金と明示することは、従前の主張と矛盾することになる。実質的にも、争いがある金額のすべてを未払賃金としてしまうときは、他の従業員から同様の請求がされた場合に、その全部又は一部を争いにくくしてしまうおそれがある。そこで、請求金額に争いがあったことを前提として、当該事件の解決のため、諸般の事情を考慮して支払を合意した金額であることを示すため、「解決金」との文言を用いることが広く行われている。同文言を用いることで、条項上、未払賃金の存在ないしは金額を認めたわけではないこと表すことができる。

　支払う金額を「解決金」とした場合、当事者の間で未払「賃金」であることが確認されていないことから、所得税等の源泉徴収を行わず、条項に記載した金額の全額を労働者に支払うことが通常である。後日、労働者において給与所得として申告・納税するような場合はともかく、賃金として源泉徴収される場合よりも、一般的には労働者の受領する金額は大きくなり、労働者においても解決金として処理することにはメリットがある。他の従業員への影響等を考えると、使用者としては「解決金」として処理すれば足りるといえる。もっとも、ある支払が所得税等の源泉徴収の対象であるか否かは、解決金等の名目によって定まるものではなく、実質的に判断されるため、可能な場合には、使用者が税務申告を依頼している税理士にあらかじめ確認しておいてもらうと安心である。

　これに対し、例えば、残業代の未払金額が明らかで、経理上、税務申告上、支払の名目を明確にしておきたいという使用者の要請から、調停ないしは和解において未払賃金であることを認める場合もある。その場合、所得税等の源泉徴収が必要であり、条項上、額面額のみを記載するにとどめると、労働者に対し実際に支払われる金額（手取額）が明確とはいえず、後日、条項上の金額と実際に支払われた金額との差額に関し、労使間で問題が生じる可能性がないとはいえない。未払賃金とする場合には、源泉徴収をすること、徴収される費目・金額、労働者に実際に支払われる金額を条項上明示しておくことが望ましい。

　なお、支払方法が預金口座への送金による場合、振込手数料は使用者負担となることが通常ではあるが、念のためその負担者を明示しておくべき

である。

（2）口外禁止条項

　労働者に対し一定の金額を支払う調停ないしは訴訟上の和解を成立させる場合、特に使用者において未払賃金の有無・額を実質的に争っていたような場合には、他の従業員への影響に配慮し、未払賃金請求が他の従業員に波及しないよう、調停・和解の成立及び成立にいたる経過について口外禁止条項を設けることが一般的となっており、使用者においては必須の条項といえる。

　口外禁止条項を設ける場合、「正当な理由のない限り」といった限定を設け、例外的に口外可能な場合を認めることが多い。ただし、「正当な理由」という表現は抽象的かつ広範であり、あらゆる場合に正当な理由によるものであるとの弁解がなされる危険がある。一律口外を禁止するとか、「裁判所から提出を求められた場合を除き」といった厳格な限定をすることも考えられるが、口外禁止の義務は使用者も負うことから、過度に限定するときは、使用者に義務違反が生じる危険性を高める。そこで、「法令上の義務に基づく場合を除き」とするとか、「使用者の労務管理上必要な場合を除き」とすることも考えられる。口外を要する場合がどの程度あるかを踏まえて、事案ごとに文言を検討することが望ましい。

（3）信用棄損等の禁止条項

　口外禁止条項により使用者の信用が棄損されるような事態はある程度防止できることが多いが、紛争の経過と程度によっては、残業代請求に関する事実を口外する以外の方法で使用者の信用が毀損され、その業務に支障を生じさせる危険が残る場合もある。そのような場合、口外禁止条項とともに、信用を棄損したり、業務を妨害したりする行為を禁止する条項を設けることが考えられる。ただし、労働者の了解を得るため、使用者側も労働者の名誉・信用を棄損しないことを約することになるであろうから、まずは使用者自身が労働者の名誉・信用を棄損したり、転職等に支障を生じさせたりするような行為は絶対にしないことが求められる。

（4）告訴・告発等の禁止条項

　紛争の経過において、労働者から労働基準監督署長その他の行政庁への告訴・告発を予告され、また、実際に告訴・告発がされる場合がある。このような場合には、告訴・告発を行わないこと、既に行った告訴・告発を取り下げることを約する条項を設ける必要がある。

（5）清算条項

　調停ないしは訴訟上の和解が成立する場合、調停条項ないしは和解条項に定めるほかに当事者間に債権債務がないことを確認する条項、いわゆる清算条項が置かれる。清算条項には、当該手続において求められた請求に限って債権債務なしとする場合と当該手続の対象に限らず、当事者間に一切の債権債務がないことを確認する場合とがある。紛争の抜本的な解決のためには、残業代に関する件に限らず、一切の債権債務がないことを確認するべきであるが、その場合、使用者においても労働者に以後何らの請求もすることができなくなる。例えば、在職中に労働者が使用者に損害を生じさせていたといった場合でも、同損害の賠償を請求することはできなくなることには注意が必要である。

　なお、労働者が一切の債権債務がないことを確認することを了解しない場合、労働者において当該手続で問題となった請求以外の請求を後日行うことを予定していることが予想される。そのまま調停ないしは訴訟上の和解を成立させてしまってよいのかを慎重に検討するべきである。

（6）利害関係人の参加

　労働者が使用者に対する残業代請求と合わせてハラスメント等を理由とする損害賠償請求をしているような場合、使用者と労働者の間で調停ないしは和解が成立しても、ハラスメントの加害者とされた使用者の役員・従業員と当該労働者との間の問題は解決されておらず、後日、役員・従業員に対して請求がされる可能性がある。また、残業代請求のみが問題となっている場合でも、労働者が、手続内で、残業代不払に関して使用者の代表者等の責任について言及していたようなときは、同様の可能性がある。こ

れらの場合には、役員・従業員を調停ないし和解に参加させ、役員・従業員との間でも債権債務がないことを確認することを検討するべきである。

（7）調停・和解成立に備えた準備

　以上のように、定型的な最低限の条項に加え、紛争の抜本的解決のため、事件ごとに設けるべき条項があり、その表現も事件により違いが生じる。そのため、成立する調停ないしは和解の内容を事前に予想可能な場合には、可能な限り調停条項案・和解条項案を作成し、積極的に裁判所と労働者に提示するべきである。

　この点、労働審判手続の場合、第1回期日において労働審判委員会の解決案により直ちに調停が成立する場合があり、訴訟上の和解の場合も、裁判所の説得により労働者が和解に応じ、急遽その場で和解が成立する場合がある。このような場合、条項案をあらかじめ準備できていないことがあり、かといって調停・和解の成立のタイミングを逸しないためには、案文なしで条項が作成されることになる。使用者の代理人としては、残業代請求事件で想定される条項のひな形ないしは盛り込むべき条項のリストをあらかじめ作成しておき、持参して期日に臨むことが無難である。

（狩倉博之）

【調停条項の書式例】

調 停 条 項

1　相手方は、申立人に対し、本件解決金[1]として、○○円の支払義務があることを認め、○年○月○日限り、○○銀行○○支店の○○名義の○○口座（口座番号○○○○○○）に振り込む方法により支払う。

　ただし、振込手数料は相手方の負担とする。

2　申立人と相手方は、正当な理由のない限り、本調停条項の内容を第三者に対して口外しないことを相互に確認する[2]。

3　申立人と相手方は、相手方の信用及び名誉を棄損しないこと、相手方の業務を妨害しないこと並びに相手方の権利及び利益を不正に侵害しないことを相互に確認する[3]。

4　申立人は、その余の請求を放棄する。

5　申立人と相手方は、申立人と相手方との間には、本件に関し[4]、本調停条項に定めたもののほかに何らの債権債務がないことを相互に確認する。

6　本件手続費用は、各自の負担とする。

1　労働審判での調停条項で定める支払うべき金銭は、名目を「未払賃金」とした場合、使用者に所得税等の源泉徴収・納付義務が生じることから、実務上、名目を「解決金」とすることが一般的である。

　「未払賃金」名目とした場合、調停で定めた金額から源泉徴収がされた金額を支払うことになるので、可能であればその金額を条項中に明記しておくべきである。

2　他の労働者への影響を考慮すると、特に残業代紛争については、口外禁止条項は必須である。

3　紛争の経過によっては、信用棄損等をしない旨や労働基準監督署長その他の行政庁への告訴、告発及びその他の申立を行わない旨の条項を入れることが適当な場合がある。

4　使用者から当該労働者に対し請求すべき債権が想定されない場合には、「本件に関し」との文言は入れず、あらゆる債権債務が存在しないことを確認すべきであるが、当該労働者が使用者から貸与されていたものを返還していない場合や使用者の業務に関するデータ等を保持して返還していない場合など、使用者から労働者に対し、後日、何らかの請求をする可能性がある場合には、同文言により清算の範囲を限定しておいた方が適切な場合もある。

なお、使用者の役員や他の従業員に対する当該事件における当該労働者の請求に関係する請求がなされる可能性がある場合には、これを防止するために、役員らを利害関係人として参加させ、役員らも含めた清算条項を設ける場合もある。

（石井和樹）

6　その他の解決手続

1　民事調停手続

　労働者が残業代請求を協議によって解決しようとする場合、民事調停手続を申し立てることができる。労働審判手続においても調停が行われるため、労働審判手続の運用が開始されて以降、民事調停手続を採用する意義は低下しているものと考えられるが、労働者が弁護士に依頼しない場合には民事調停手続が利用されることがある。

　また、民事調停手続については、使用者の側から申立を行うことも考えられる。具体的には、労働者の請求に理由がないか、過大であるにもかかわらず、使用者からの回答を了解せず、しかも、労働者においては法的手続をとろうとはせず、紛争が一向に解決しないような場合には、使用者から当該労働者が請求する残業代請求の全部又は一部が存在しないことを確認するため、調停を申し立てることが考えられる。

2　仮処分手続

　労働者が早期解決を目指し、賃金支払を受けるべき仮の地位を定める仮処分手続を申し立てることも考えられる。この点、賃金支払を受けるべき仮の地位を定める仮処分手続においては、債務者審尋が行われることが原則であるため、仮処分とはいっても、裁判所の判断が出るまでには一定の時間を要する。労働審判手続の運用が開始されてからは、むしろ労働審判手続の方が早期の解決が可能な場合も少なくなく、残業代請求のみのために仮処分手続が申し立てられることは少なくなった。

　また、労働審判手続・訴訟手続とは異なり、仮処分手続においては、申立が認容されるにあたり保全の必要性が要求される。残業代請求等の賃金請求については、労働者において、当該賃金が得られない場合には生活が困窮する旨の主張がされるものと考えられるが、残業代のみが未払の場合、

直ちに生活の困窮を疎明でき、保全の必要性が認められるわけではないと考える。

3　紛争調整委員会によるあっせん手続

　労働者が都道府県労働局に相談したことを契機として、紛争調整委員会によるあっせん手続の申請を行うことがある。その場合、使用者には、あっせん手続の開始通知が送付され、参加・不参加の意思確認が行われた後、使用者において手続に参加する場合は、あっせん委員によって紛争当事者の主張の確認とあっせん案の提示が行われる。

　あっせん案に対して当事者双方の合意が得られなかった場合は、同手続は打ち切りとなる。　　　　　　　　　　　　　　　　　　　　（杉原弘康）

7 他の従業員への影響の考慮

1 他の従業員への配慮の必要性

　残業代紛争の解決にあたっては、手続外の交渉による場合においても、裁判所における手続による場合においても、他の従業員への影響に配慮が必要である。より具体的にいえば、他の従業員から同様の請求がされる可能性を考慮する必要がある。

　特定の労働者との間で残業代紛争が生じた場合、当該労働者に対して支払うべき未払賃金があるときは、他の労働者にも未払賃金が生じていることが通常である。また、当該労働者に対し未払賃金がなかったとしても、当該紛争を終わらせるため、解決金名目で一定の金額を支払った場合、その事実を知れば、他の従業員も請求すれば何らかの支払を受けられると期待する可能性がある。

　顕在化した紛争をせっかく解決しても、その後、他の従業員からの請求が続けば、使用者はこれに対応しなければならず、紛争対応が継続し、一定の支払をし続けるときは、経営にも影響することになる。使用者としては現に発生している紛争を解決するとともに、他の従業員への影響を考慮し、将来の紛争の予防にも注意を払う必要がある。

2 不適切な対応

　中小企業、特に小規模な事業者においては、他の従業員への配慮という点で、二つの異なる方向での不適切な対応がされることがある。

　その一つとしては、他の従業員への影響を考えず、現に発生した紛争をとにかく終えたいがため、労働者が請求するままに未払の残業代の有無・額を精査せずに支払ってしまうことである。これでは、他の従業員は請求すれば請求したままに支払ってもらえると期待し、残業代請求を誘発することになる。その段になって一転して支払を拒否するようなことがあれば、

過去の支払と矛盾し、後に請求した従業員から公平を欠く対応を指摘され、紛争が複雑化しかねない。また、紛争を終えることしか考えず漫然と支払って終えた場合、残業代の未払が生じた原因を検証し、違法状態を解消する取組がされることはなく、未払残業代が発生し続け、紛争を潜在的に抱えた状態のままとなってしまう。

　不適切な対応のもう一つは、他の従業員への影響を考えるあまり、実際になされた残業代請求に対し、一切の支払を拒否し、また、著しく少額の支払で解決しようとすることである。他の従業員への影響は十分に考慮しなければならないが、それは請求された未払残業代の支払を拒否することを正当化しない。未払がある限り、その支払を請求された場合には、未払額の全額ないしは未払額を前提に相手方が納得できる合理的な範囲内の金額を支払うべきであって、一切の支払を拒否したり、著しく少額の支払で終えようとしたりするときは、当該紛争が長期化し、遅延損害金その他により使用者の負担はむしろ拡大することになる。加えて、このような対応を知った他の従業員は、支払うべき残業代を支払わない使用者の態度に失望し、従業員が定着せず、また、モチベーションが下がることにより、生産性の低下を生じさせることにもなりかねない。なお、この場合も、残業代未払の原因の検証、違法状態の解消はされないことになる。

3　他の従業員に配慮した適切な対応

　他の従業員への影響を考慮し、他の従業員との間で紛争が生じることを予防するためには、まずは、現にされた残業代請求に対して、適切に対応することであり、タイムカード等の資料から実際の労働時間を確認し、時間外労働等を明らかにすること、管理監督者であるといった残業代を支払わないことを正当化する事情があるか、同事情が法的に成り立ちうるものかを検証し、法的に支払わなければならない残業代の有無・額を確定することである。そのうえで、支払うべき残業代ないしは相手方が納得する合理的な範囲内の金額の支払を提案し、交渉又は法的手続内で適正に解決することである。

　このような対応により支払うべき金額を支払うことで、現に発生した紛

争を解決するとともに、請求さえすれば、未払残業代の有無・額にかかわらず、請求のままに支払われるわけではないことを示すことができ、他の従業員に対し、残業代請求に対する使用者としての適正な姿勢・方針を示すことができる。未払の残業代がある限り、他の従業員からの請求がされることはありうるが、それはやむをえないことであり、防ぐべきは、根拠を欠く不合理な請求である。使用者の適正な姿勢・対応を示すことで、根拠のない不合理な請求を排除することができ、支払うべき残業代を支払うことで、従業員のモチベーションの低下を防ぐことができる。

4　違法状態の解消と紛争予防の必要性

　残業代請求に対し、上記のとおりの適正な対応がとられた場合、使用者は未払残業代が生じる原因を明確に認識できるはずである。例えば、労働時間管理がきちんとされておらず、時間外労働の存在と時間数が把握されていなかった、管理監督者に該当しない者を管理監督者として取り扱い、残業代を支払ってこなかった、固定残業代が有効な残業代支払と認められるための要件をみたしていなかったといったことを認識することになる。そして、これらの原因により、他の従業員にも未払の残業代が生じている可能性を知るのである。

　使用者としては、顕在化した残業代請求が解決されたことで良しとせず、把握された原因を解消することに努め、少なくとも将来に向けて未払残業代の発生を止め、紛争の予防に努めるべきである。また、未払残業代が発生している他の従業員との間で、後日、紛争が顕在化しないよう、個別に協議するなどして、未払残業代の解消に努めるべきである。紛争予防の詳細は第6章において解説する。

　使用者にとっては相当程度の負担となることが予想されるが、消滅時効期間の延長等により、請求される未払残業代は今後より高額になり、紛争が顕在化する可能性は今まで以上に高まるであろうから、事業の継続、維持・発展を真に考えるのであれば、早期の対策が強く望まれる。残業代請求という使用者にとって望ましくない事態が起きてしまった以上は、それを機会として、紛争の予防につなげていくべきである。　　　　（狩倉博之）

8 初回法律相談における ポイント

1 残業代紛争に関する法律相談の特徴

　初回法律相談においては、法律問題を抱える相談者がどのような対応をとるべきかを助言することを目的として、事実関係を聴取し、法的な問題点を抽出して、それに対して法的判断を行い、見通しを立て、対応方法を助言することが一般的である。残業代紛争に関する初回法律相談においても、基本的には一般的な法律相談とそのあり方に変わりはない。

　しかしながら、残業代紛争をはじめとする労働事件の場合、①事実関係が複雑な場合が少なくなく、確認すべき事項が多いこと、②証拠資料が必ずしも整理されておらず、存在すべき証拠資料を欠いている場合すらあること、③使用者と労働者の支払の要否に関する基本認識に相違があることが少なくないこと、④多くの場合、既に労働者の側から請求がなされており、対応を迫られていて、速やかな対応が必要な状況にあることといった特徴がある。顧問先企業等、相談者の事業状況、経営者の考えを承知している場合はともかくとして、初めて相談を受ける相談者の場合、事実関係や証拠資料を迅速かつ的確に確認し、法的問題点を正確に把握することが強く求められる。また、中小企業、特に小規模な事業者に多く見られることであるが、支払の意思を欠いている経営者に、見通しやとるべき対応に関する助言について、「聴く耳を持たせる」必要がある。

2 残業代紛争の現状と経過の確認

　事実関係の聴取に先立ち、まずは、労働者からの請求の有無と内容、代理人の有無、交渉の有無・経過を確認しなければならない。労働者からの請求が未だされていない場合はもちろん、代理人の有無にかかわらず、金額等の具体的な請求がされておらず、例えば、タイムカードその他の残業代算定のための資料の開示を求められているのみの段階の場合は、労働者

の側から具体的な請求額と請求の明細を明らかにしてもらう必要があり、それがされるまでの間に、使用者において未払残業代の有無・額を試算し、対応方針等を検討する時間的猶予がある。初回法律相談においても、基本的な事項から聴取し、見通し、方針等は証拠資料等を相談者に準備してもらったうえで、継続相談とし、次回の法律相談において判断、決定することが可能となる。

これに対し、労働者に代理人がついており、時間外労働等の時間数が示されたうえで、具体的な金額が請求されているような場合は、労働者側の請求と主張に回答することが求められ、回答しないまま放置すれば、直ちに裁判所における手続を申し立てられる可能性が高い。回答したとしても、解決内容に一致を見ないときは、結局のところ裁判所における手続において解決することにはなるが、手続に先立ち、請求を受けた使用者においてできる限り十分な準備をしておく必要があり、準備の結果を踏まえて、手続にいたる前に早期に手続外の和解により解決することが可能となる場合もあるので、相手方の請求に対しては、速やかに回答し、可能な限り準備のための時間を確保することが望まれる。そのため、相手方の請求と主張を早急に検証し、回答内容を決定する必要があるので、それを踏まえた相談対応が求められる。

3 聴取のポイント

（1）相談者の事業状況

相手方への対応までに時間的な余裕がある場合には、相談者の事業内容、社員数、売上・利益状況等を確認しておく。事業内容、社員数は、労基法上の労働時間規制の適用除外、法定労働時間の例外の判断に必要となる。売上・利益状況は、相談者の支払能力の前提となる。

（2）労働条件

当該労働者の採用時期、地位・担当業務、労働条件を聴取する。履歴書や異動・賞罰等がまとめられた人事記録があれば参考になる。また、ある程度の規模の使用者であれば、組織図があると聴取に便利である。聴取に

あたっては、就業規則・労働契約書・労働条件通知書等の有無の確認も必要である。労働条件については、始業時刻・終業時刻、休憩時間を確認し、所定労働時間を確定する。休日、賃金の種類・金額・算定方法についても最低限確認が必要である。就業規則については、その周知の状況についても聴取しておく。

（3）実労働時間

　当該労働者の実労働時間については、労働者の側から時間外労働の時間数が主張され、一覧表等により請求対象期間の各日の労働時間が試算されている場合には、同主張をもとに実労働時間を確認、検証していくことになる。とはいえ、相手方から一覧表が示されている場合でも、請求対象期間は長期間であることが通常であり、時間に限りがある初回法律相談の場において、対象期間のすべてについて確認することは難しい。まずは、相談者から、当該労働者の就労状況を大まかに聴取し、時間外労働・休日労働・深夜労働が実際にあるのか、どの程度あるのかを確認する方が、実労働時間の概要を把握し、暫定的な見通しと当面の対応方針を決定するのに有用な場合が少なくない。

　当該労働者の就労状況等の概要を聴取するにあたっては、相談者において労働時間を把握しているか、客観的な把握方法をとっているかを確認し、タイムカードや業務日報等の労働時間を把握するための資料の有無を確認する。相談時にタイムカード等を持参している場合には、それに基づき、持参していない場合は、相談者の述べるところに従い、いくつかの月や期間について実労働時間を試算して、それをもとに請求対象期間の時間外労働・休日労働・深夜労働の各時間数を概算する。

　その際、変形労働時間制を採用しているといった場合には、要件を充足しているかを聴取し、有効かを検討したうえで、時間外労働等の有無・時間数を試算する。この点は、管理監督者にあたるとの主張やみなし労働時間制を採用しているとの主張についても同様である。

（4）残業代の試算

　時間外労働等の時間数を大まかにでも把握できたら、賃金の種類・金額・算定方法を踏まえ、割増賃金の算定基礎となる賃金額を算出する。各手当については、その名称のみでなく、支給の基準を確認し、実質的に見て基礎となる賃金に含まれるか否かを判断する。月給制の場合、年間の休日数を大まかにでも聴取し、年間の所定労働日数から年間総労働時間を算出し、月平均所定労働時間数に基づいて基礎となる賃金単価を算出する。これにより請求対象期間の残業代の概算額を把握することが可能となる。

（5）既払い額

　相談者に残業代支払の有無を確認するとともに、残業代の金額をどのような計算により算出して支払っているかを聴取する。労基法に基づいた計算がされているか、割増率は正しいかを確認する必要がある。給与明細書・賃金台帳等の有無を確認し、準備を指示する必要もある。

　残業代の支払にあたり、相談者が固定残業代を採用している場合には、基本給組込型か手当支給型か、基本給組込型の場合には割増賃金部分が金額により明示されているか、手当支給型の場合には手当はどのような名称か、いずれの型であったとしても対象となる時間外労働の時間数が明示されているか、明示された時間数を前提とした場合、固定残業代の金額が労基法所定の算定方法により算定した場合の金額以上となっているか、就業規則等に規定は設けられているか、規定の内容はどのようになっているか、実際の残業代が固定残業代の金額を上回る場合、差額の支払はされているか等を確認し、固定残業代による支払が有効となるかを判断する必要がある。

　なお、労働者の請求の中には既に時効により消滅しているものが含まれている場合があることから、時効期間を踏まえて、労働者の請求額から時効により消滅した金額を控除する必要がある。

　以上の聴取により、相談者が支払義務を負う未払残業代が存在するか否かとその金額を大まかにではあるが、明らかにすることができる。あくまでも概算であり、相談者の述べるところの正確性や根拠となる資料の有無

によって、実態とかけ離れている可能性があるので、その点は相談者にきちんと伝え、相談者が概算額を妄信し、過度に楽観的になりすぎたり、反対に悲観的になりすぎたりしないようにしなければならない。別途時間をかけ、根拠資料等に基づき請求対象期間のすべてについて時間外労働等の時間数を算出し、より正確な結論を出す必要があることを強調しておくべきである。

（6）他の従業員の状況等

　上記により概算した結果に基づき、未払残業代の有無・額の見通しを立てたうえで、解決方法としての交渉と裁判所における手続について説明し、相談者においてどのように対応すべきかを助言することになる。その際、他の従業員への残業代の支払状況、他の従業員からの請求の可能性についても聴取し、支払能力と支払意思についても確認しておく。

4　対応方法の助言
（1）支払の必要性と支払うべき金額

　相談者である使用者は、未払の残業代の存在を認識しておらず、認識していても、支払わなければならないとは考えていない場合がある。中小企業、特に小規模な事業者においては、そのような感覚である経営者が少なくない。そのような認識、感覚が法的には認められないこと、支払義務がある以上は支払わなければならないことを理解してもらう必要がある。また、不合理な支払拒否を続けることは、裁判所における手続の負担を負い、遅延損害金等の負担を負うことになることを説明し、使用者の負担を最小限にするためには早期の解決が望ましく、そのためには適正な金額の支払が必要となることを理解させなければならない。

　なお、労働者が請求している金額が一概には正しいとはいえない。ここでいう適正な金額とは、上記3（3）～（5）の方法で算出した金額を踏まえ、相談者が法的に支払義務を負う範囲内の金額である。労働者においても早期解決を希望している場合、当事者間に争いのある事実関係等を踏まえ、労働者が了解する合理的な範囲内の金額が紛争解決のための適正な金額と

いうことになる。あくまでも労働者の了解と合理性のある金額であることが不可欠であり、いくらでも減額の余地があるとの誤解を相談者（使用者）に与えないようにしなければならない。

（2）労働者からの資料開示請求への対応

　労働者からの請求において、就業規則、タイムカード、賃金台帳等、労働者側において未払残業代を算出するために必要となる資料の開示を求められていることがある。代理人がついている場合には、受任した旨の内容証明郵便にその旨が記載されていることが一般的である。開示を求められている場合、相談者から開示に応じなければならないかとの質問がされることがあるが、紛争解決のためには、双方が共通の正しい事実認識に基づいて主張を交わし、協議を行う必要があるから、基本的には、開示可能な資料は開示すべきである。なお、開示しなければ、後の訴訟手続等において裁判所から提出を指示、命令され、それでも提出しなければ労働者の主張に沿った事実が認定される可能性がある。ただし、無限定に、求められるままにすべての資料を開示しなければならないわけではなく、労働者の請求や紛争解決に不要な資料まで開示する必要はなく、求められた資料中に事業経営上第三者に開示すべきではない事項や個人情報が含まれている場合は、マスキングして開示するといったことも必要となる。

（3）紛争解決の進め方・流れ

　労働者側との手続外の交渉が可能な場合には、早期かつ柔軟な解決の点から、できる限り交渉を行い、交渉での解決に努めることを助言すべき場合が多い。その場合でも、無条件に労働者側の主張・請求を認める必要はなく、また、認めることが適当ではないことも助言する必要がある。その結果、裁判所における手続によることになるとしても、他の従業員への影響等を考えると、やむをえないといえる。

　交渉による解決ができなかった場合でも、労働者から労働審判手続の申立がされた場合には、相手方も調停による早期解決を期待していると予想できるので、労働審判手続内での解決を目指すべきことをアドバイスする。

その場合、第1回期日前の準備が重要で、準備に要する時間に限りがあることから、早期の準備の必要性を強調するべきである。なお、労働審判手続と訴訟手続になった場合の手続の概要と解決までに要する時間の見通しについても依頼者（使用者）に説明しておくことが望ましい。

（4）弁護士依頼の要否

初回相談時に既に裁判所における手続が申し立てられている場合には、弁護士に依頼するべきであり、相談者もそのつもりであることが多い。裁判所における手続が申し立てられていない場合には、直ちに弁護士を依頼することは必須ではないが、交渉で解決できない場合には、結局は裁判所における手続が申し立てられることになるのであり、その場合には早期の準備が必要となることから、上記において説明した未払残業代の算定や交渉を相談者自身で行うことができるか、そもそも交渉で解決が可能かといった点について検討することが必要である。

相談者において依頼の意思がない場合には、労働者側の請求を漫然と受け入れる必要はないこと、未払残業代をきちんと算定し、支払うべき金額は支払うべきこと、合意に達したときは、きちんと和解契約書を作成し、清算条項を設けることを助言すべきである。後日、交渉が決裂し、改めて依頼される場合もあるので、紛争をさらに拡大させ、複雑化させないよう、不合理な対応が行われないように注意喚起しておく。

（5）弁護士依頼があった場合

相談者が弁護士に依頼することを希望する場合は、弁護士費用その他の必要となる費用を説明し、相談者の納得が得られた場合には、委任契約書を取り交わし、委任状を取り付ける。そのうえで、補充聴取が必要な事項の確認・調査を指示し、証拠資料の確保と整理、準備を指示する。

5　労働審判手続が申し立てられている場合

第1回期日前の準備が重要であり、かつ、準備に使える時間が短い場合が少なくないため、法律相談の冒頭から受任することを前提に聴取等を進

めていくことが考えられる。具体的には、限られた時間を有効に使うため、申立書を持参してもらい、申立書に沿って事実確認を行い、証拠資料の準備を指示していく。そのうえで、見通しを踏まえ、労働審判手続における解決のための方針を立てていく。また、代表者その他、審尋の対象となる者の期日への同行を依頼する。次回の面談日時を近いところで設定することも不可欠である。

（狩倉博之）

第**6**章

残業代紛争の予防

　残業代紛争が解決されたとしても、紛争の原因が解消されない限りは同様の紛争が再発・多発することになりかねない。本章では残業代紛争の原因を解消し、紛争を予防するための方策を提案する。

1 / 実効性のある対策

1 紛争予防の必要性

第1章で述べたとおり、現に多数の残業代紛争が生じており、法改正による賃金債権の消滅時効期間の延長、時間外労働が60時間を超えた場合の割増率についての中小企業に対する適用猶予規定の廃止等により、今後、労働者から請求される割増賃金額はより高額となり、残業代紛争はさらに増加することが予想される。残業代の未払が存在する企業、あるいは存在する可能性のある企業においては、支払の負担とともに、紛争対応の負担を負うリスクが高まっている。企業経営に与える影響は大きく、従業員全体での未払総額によっては、経営破綻の危険すらあるといえる。

経営基盤が強いとはいえない中小企業、特に小規模な事業者においては、継続的、安定的な経営のため、紛争の予防が不可欠である。かかるリスクを理解せず、また、理解してはいても対応できずにいる中小企業も少なくない。中小企業の支援にあたる弁護士においては、紛争が発生した場合の適切な解決とともに、紛争予防のための適切な支援が求められる。

2 残業代紛争の予防法

時間外労働等に対する割増賃金の支払を定める労基法の規定は強行規定であり、法定労働時間を超える労働があれば、使用者は同法に基づく割増賃金を支払わなければならない。支払わなければならない割増賃金については、紛争が顕在化した後の交渉ないしは裁判所における手続の中で、労働者との合意により減額できる場合はあっても、支払義務のある割増賃金を、使用者限りで、あらかじめ発生しなかったこと、支払わなくてよいことにはできない。

結局のところ、残業代紛争を予防するためには、①残業代を発生させる時間外労働を生じさせないこと、ないしは最小限の時間数に抑えること、

②支払義務を負う残業代は全額支払うことに尽きるといえる。

3　労働時間の圧縮

　労基法上、管理監督者といった労働時間規制の適用が除外される場合があり、変形労働時間制や事業場外労働・裁量労働によるみなし労働時間など、時間外労働の発生を抑止しうる制度がある。しかしながら、これらの制度の適用には要件が設定されており、裁判所においては、要件充足の有無について厳格な認定がされている。また、これらの制度を利用したとしても、あらゆる場合に割増賃金が発生しないようにすることはできない。これらの制度は割増賃金の発生を抑止する有効な制度ではあるが、紛争予防において絶対的なものではないことを理解しなければならない。

　結局のところ、時間外労働を生じさせず、また、減少させるためには、労働時間自体を減少させることが本質的な対策となる。業務のあり方を見直し、利益を維持しつつ、業務量を減らし、労働時間を圧縮する努力が求められる。それは、生産性の向上を目的とする働き方改革が目指す方向性にも合致する。中小企業においては困難な課題ではあるが、業務量を直ちに大きく減少させられない場合でも、労働時間を適正に把握し、管理していくだけでも、相当程度の労働時間の短縮が可能となる。

　小規模な事業者を中心に、タイムカード等の客観的な方法による労働時間の把握が行われていない場合がある。労働時間、特に終業時刻と休憩時間を厳格かつ正確に把握することで、実際に労働時間といえるか否かが問題となる時間を消滅させることができ、仮に紛争となった場合でも、使用者の主張を立証する資料を確保することができる。

4　残業代の確実な支払

　支払義務を負う残業代を支払うことは当然のことである。故意に支払をしないことは論外として、上記の実態のように労働時間把握が行われず、また、不十分・不正確であることから、残業代の全部又は一部が未払となっていることがある。この点においても労働時間の正確な把握が求められる。

これに対し、固定残業代を採用している場合、実際の時間外労働が、固定残業代が対象とする時間外労働の時間数の範囲内であったとしても、固定残業代による支払が有効な割増賃金の支払と認められるための要件をみたしておらず、残業代の支払がされていない、と評価される場合がある。固定残業代は要件その他各種の問題を有するため（第4章❸参照）、固定残業代を採用する企業においては、有効な支払と認められるものになるよう、採用している固定残業代の見直しが必要となる場合がある。　（狩倉博之）

2 / 労働時間管理の徹底

1 残業代紛争の予防における労働時間管理の必要性

　労働時間の立証責任は労働者側にあるものの、使用者は労働時間を把握する義務を有することから（第3章❹参照）、労働時間を具体的に把握できるよう、タイムカードの打刻を義務付けたり、パソコンのログ記録により把握したりするなどして、客観的証拠を確保できる体制を構築すべきである。

　紛争となった場合、管理監督者やみなし労働時間といった労働時間規制の適用除外や労働時間の算定方法の特則を主張できる場合があるが、これらの制度の適用が認められるためには要件が課されており、裁判例において厳格な判断がされているため、労働時間の把握・管理が重要となる。労働時間の把握・管理を適切に行うことで、実際には労働していない時間が労働時間にカウントされることを防止できる場合が少なくなく、残業代の発生ひいては労働紛争の発生を予防する重要な方策となる。

2 客観的把握の必要性

　使用者においては、労働時間を把握する義務を負っており、厚生労働省も「労働時間の適正な把握のために使用者が講ずべき措置に関するガイドライン」（平成29年1月20日）を策定し、使用者に対し同基準の遵守を求めている。原則として、使用者は労働者の労働時間を自ら現認すること、客観的な記録をもとに確認し、適正に記録することが求められている。

3 定時退勤の周知・残業承認制の徹底

　実際には定時退勤が可能な業務量であったとしても、労働者の作業効率等により、退勤時刻が定時を過ぎているケースがまま見られる。このような場合に残業代請求がされた場合、使用者としては、定時退勤可能な業務

量であったことや残業命令がなかったことを理由として労働者主張の労働時間を否認することになるが、訴訟手続等において、必要な業務量等を客観的に明らかにすることは困難である。仮に、労働者の作業効率に問題があったとしても、定時を過ぎて業務に従事していた以上、労働時間にあたると判断されるのが一般的である。

　そのため、使用者としては、残業の発生を抑制したい場合には、残業承認制を設けたうえで、労働者に定時退勤と残業承認制を周知し、制度として定めたとおりの運用を徹底しなければならない。

4　人員の補充

　労働者の業務量が定時退勤が困難なほどに多い場合に、使用者が定時退勤を労働者に強いるときは、業務に支障を来たす可能性があるとともに、労働者にサービス残業を強いる結果になりかねない。結果として、後日、高額な残業代請求を受けることになる。使用者において、一定の業務量を維持しつつ、残業時間を減らそうと考えるのであれば、従業員を新たに採用し、人員を補充することを検討する必要がある。

5　小括

　残業時間を直ちに、大きく減じることは容易ではない。使用者としては、無用な残業代紛争を発生させないためには、上記のとおり、日々客観的な記録をもとに労働時間の把握・管理を行うとともに、発生した残業代については適切に支払わなければならない。　　　　　　　　　　　（杉原弘康）

3 / 固定残業代の見直し

1 有効要件を検証する必要性

割増賃金をあらかじめ定められた一定の金額により支払う場合があり、このような方法で支払われる割増賃金は「固定残業代」とか、「定額残業代」などと呼ばれている。労基法37条が定める方法によらずに残業代を定額で支払うことになることから、同条に違反せず、適法な残業代支払と認められるためには、判例上、「明確区分性要件」と「対価性要件」が必要とされている。固定残業代を採用する場合、最低限、これらの要件をみたす必要があり、下級審の裁判例の中には要件の充足を厳格に判断しているものもある（**Q18**）。

固定残業代が労基法37条に違反し、適法な残業代支払と認められない場合、使用者において支払済みと認識していた残業代のすべてが未払となることはもちろん、残業代の趣旨で支払った定額部分が割増賃金算定のための基礎賃金となり、使用者は高額な未払残業代の請求を受けることになる。固定残業代の適法性・有効性は実務上激しく争われ、残業代紛争における主要な争点の一つとなっている。

このような現状を踏まえると、固定残業代により支払うことは避け、労基法37条が定める方法に従い、実際の時間外労働に応じた割増賃金を支払うことが紛争を予防するうえでは望ましいといえる。しかしながら、給与計算事務の負担を軽減するためといった理由から、固定残業代を採用する中小企業は少なくない。また、労働者の採用及び定着のため、毎月一定程度以上の定額の収入が得られることを期待する労働者のニーズを踏まえ、使用者において基本給を抑えつつ同ニーズに応えるために採用せざるをえない場合もある。そのような企業においては、採用している固定残業代が残業代の支払と認められないと、多額の残業代の支払義務を負うことになり、経営に与える影響は大きなものとなってしまうが、中小企業、特

に小規模な事業者においては、有効要件を意識せず、漫然と基本給に残業代が含まれているとの認識のみで処理している場合もある。

固定残業代を採用する企業においては、固定残業代の有効要件を十分に理解し、有効性に争いが生じた場合に要件の充足を立証できるようにしておくことはもちろんのこと、そもそも有効性に争いが生じないよう、確実に有効になるような制度設計が必要である。

2　見直しにあたってのポイント

（1）手当支給型の採用

固定残業代には、①基本給などの中に残業代を組み込んで支払う方式（いわゆる「基本給組込型」）と②基本給とは別に残業代ないしは残業代に代わる手当を定額で支払う方式（いわゆる「手当支給型」）とがある。固定残業代が労基法37条に反せず、割増賃金の支払として有効となるためには、通常の労働時間の賃金にあたる部分と割増賃金にあたる部分とを判別することができなければならない（明確区分性要件）。手当支給型の場合、通常の労働時間の賃金にあたる部分と割増賃金にあたる部分とを判別することが可能な場合が多いので、手当支給型を採用するべきである。

やむを得ず基本給組込型を採用せざるをえない場合には、最低限、基本給のうち割増賃金にあたる部分を金額で明示しなければならない。

（2）固定残業代が対象とする割増賃金

賃金中の一つの固定残業代の項目中に、時間外労働、休日労働及び深夜労働の各割増賃金を一括して含めないようにする。当該固定残業代の金額内で、設定された時間に相当する割増賃金額以上の金額が支払われていれば、理屈上は明確区分性要件をみたしているとする余地がないとはいえないが、計算が複雑となり、労働者において支払われるべき割増賃金の支払がされているかを判断することが難しくなる。そのため明確区分性要件が要求される趣旨からすると無効となる危険があり、各割増賃金を一括して含めることは避けるべきである。

（3）対象とする時間外労働の時間数

　固定残業代の性質を有する手当ないしは基本給中で明確に区分された割増賃金に相当する金額部分について、何時間分の割増賃金額かを明示すべきである。金額により割増賃金部分が区分され、明確区分性要件をみたしたとしても、割増賃金の支払として有効とされるためには、割増賃金にあたるとする賃金部分が時間外労働の対価として支払われたものでなければならず（対価性要件）、この点を厳格に判断する裁判例も存在することから、単に金額のみにより特定するのではなく、それが何時間分の割増賃金かを明らかにしておくことで、時間外労働の対価であることをより明確にしておくべきである。

（4）時間数の設定

　固定残業代が対象とする時間外労働の時間数は、当該事業場における時間外労働の実態を踏まえたものにしなければならない。対価性要件が要求される趣旨からすると、時間外労働の実態に比して、設定された時間が著しく短い場合も、また、反対に著しく長い場合も、割増賃金の対価として支払われるものといえるかに疑問を生じさせる可能性がある。

　また、設定された時間数が、例えば80時間を超えるといった長時間に及ぶ場合、それを理由として固定残業代による支払が無効となる（**Q22**）。働き方改革を目指した法改正により長時間労働に対する上限規制が法定化された趣旨からしても、少なくとも、法定化された上限の原則時間である月45時間を超えるような時間を設定するべきではなく、実態を踏まえ、可能な限り45時間よりも短い時間にとどめておくべきである（第2章❷参照）。

（5）手当の名称

　対価性要件の判断において問題とならないよう、固定残業代である手当の名称は、時間外労働に対する割増賃金であることが明らかとなる名称にするべきである。

（6）差額支払の合意

　固定残業代が前提とする労働時間を超えて残業が行われた場合に、その超過分について割増賃金を支払うことは、労基法上、当然のことであるので、超過分についての差額支払の合意は固定残業代の独立した有効要件ではないと考える（**Q18**）。最高裁判決においても、差額支払の合意は必須のものとしては要求されていない。しかしながら、これを要求する裁判例が存在するため、有効要件ではないとしても、実際に差額支払がされていることは、明確区分性要件及び対価性要件の判断にあたっての重要な間接事実となる余地はあることから、使用者は、就業規則等において差額支払を合意し、労働契約の内容としておくことが望ましい。

　なお、差額支払の合意の有無にかかわらず、超過分は支払わなければならず、固定残業代を採用している場合でも労働時間の把握は必須である。

3　見直しにあたっての問題

　固定残業代の見直しを行う場合、賃金である残業代の支払方法の変更になる。固定残業代においては、実際の時間外労働の時間数が固定残業代の対象として設定された時間外労働の時間数を下回る月であっても、労働者に対し固定残業代の全額が支払われるので、設定する時間数が変更されることにより、労働者に対して支払われる賃金の総額が減少する場合もある。また、そもそも見直し前の固定残業代が残業代の支払として無効なものであった場合には、固定残業代名目で支払われていた賃金部分は通常の労働時間の賃金と評価され、労働者はより高い基礎賃金額をもとに算定された残業代全額の支払を受けられることになる。他方、見直されることで固定残業代による支払が有効な残業代の支払と評価されるようになる場合、労働者が得られる賃金額は、見直し前よりも減少することになる。よって、固定残業代の見直しを行うことは労働条件の不利益変更となる場合があり、その場合には、原則として労働者との個別の合意が必要となる（労契法8条、9条）。

　労働者との間で個別に合意を得るよう試みた場合、労働者において従来の固定残業代による支払が無効であった可能性を認識し、労働者の一部な

いしは多数から、未払残業代の支払を求められる可能性がある。それでも
なお、既存の固定残業代の検証と見直しは必要であり、労働者との間の個
別合意に際し、労働者に対する一定額の支払は使用者において受忍しなけ
ればならないコストと考える。

　見直しを進めるにあたっては、慎重な事前の検討と労働者対応が不可欠
である。使用者においては、労働者に対し、固定残業代の見直しが必要で
あること、一定額の未払残業代が存在する可能性と試算額を説明したうえ
で、経営上、個々の労働者に支払が可能な未払賃金相当額について、その
金額と算定方法を十分に説明し、理解を得るように努めるべきである。

　消滅時効期間の延長等により、今後、請求される残業代の金額は高額化
し、請求される機会が増えると予想される。紛争が顕在化する前に労働者
と十分に協議し、使用者の経営上支払が可能で、労働者の理解を得ること
ができる金額によって清算を済ませておくことで、紛争の顕在化を防ぎつ
つ、将来に向けて固定残業代による支払を確実に有効なものにするよう努
めるべきである。このような努力を怠るときは、固定残業代による支払が
無効であることを前提とした請求に追われ、より多額の未払残業代を負担
することになる。　　　　　　　　　　　　　　　　　　　（狩倉博之）

4　証拠の確保

1　証拠を確保することの意義

　残業代請求事件において証拠となる資料を平時から確保しておくことは、適正な残業代の支払により未払残業代の発生自体が防止される、労働者の信頼と納得につながり残業代請求を受けるおそれが低減される、残業代請求を受けた場合に迅速かつ的確に対応し適正な解決を得やすくなるといったように、幾重もの意味で残業代紛争の予防となる。

　なお、言うは易しであるが、資料は保存するだけでなく、いつでも取り出せるように整理しておくことが理想である。

2　確保すべき主要な証拠

　まず、前提となる労働条件を明らかにする基本的な書証として、労働契約書、労働条件通知書、就業規則等があげられる。労使協定の締結等の形式的要件が定められた制度を導入している場合、当該労使協定等も必要となる。就業規則については、事業場の見やすい場所に備え付けるなどして労働者に実質的に周知されていなければ有効ではないこと（労基法106条1項参照）にも留意しなければならない。

　基礎賃金に関する書証としては、賃金台帳や給与明細があげられる。平時から労働者と共有している給与明細は特に重要であり、固定残業代の論点等も見据えると、労働契約や就業規則の建て付けと整合し、労働者にとっても明確で理解しやすい記載内容としておくよう配慮を要する。

　立証上の問題が最も生じやすい労働時間に関する書証の確保は、特に必要性が高い。平時からより適切な証拠を確保するという観点からは、タイムカードやパソコン上の勤怠管理ソフトの記録など、労働時間管理自体を目的とする客観的な記録を確保して、労働時間を可能な限り疑義なく特定しておくべきである。自己申告などの客観性に欠ける方法や、業務日報な

どの労働時間管理が本来の目的ではない方法しか導入していない場合、使用者と労働者の労働時間についての認識に隔たりが生じて予期せぬ多額の残業代請求を受ける可能性があるので、これを防ぐために、速やかにタイムカード等を導入することが望まれる。なお、タイムカード等を導入したとしても、定時に形式的に打刻したうえで残業をすることが実態であったなどということでは無意味であるため、適切な運用も確立する必要がある。

　その他、一般論として、口答での指示・連絡は後に「言った／言わない」の議論が生じうるため、重要な指示・連絡は書面（作成者、名宛人、日付を明記する）や電子メール等の後に残る形式で行うことが望ましい。特に電子メールは、労務提供の実態が論点になった際に重要な証拠となる場合もあるため、使用者において確保できるよう就業規則等のルールと具体的な取得方法（アカウントやサーバの管理など）を整備しておくとよい。

3　より適正な労務管理に向けて

　労働条件通知書、就業規則、賃金台帳、給与明細、労働時間管理の資料（タイムカード等）など、上記2にあげた資料の多くは、法令により作成が義務付けられている資料や使用者の負う義務（例えば、労働時間を適切に把握する義務）を果たすために必要な資料である。そのため、使用者は、適正な労務管理を行うことが結果として紛争予防・紛争対応につながるということを念頭に置いて、労務管理の改善を平時から心がけることが望まれ、中小企業の支援にあたる弁護士においては、そのような観点から助言すべき場面も多い。

（中野智仁）

執筆者一覧

【編著者】

狩倉　博之（かりくら　ひろゆき）
狩倉総合法律事務所（神奈川県弁護士会所属）

杉原　弘康（すぎはら　ひろやす）
ましろ法律事務所（神奈川県弁護士会所属）

中野　智仁（なかの　ともひと）
野澤・中野法律事務所（神奈川県弁護士会所属）

【著者】

野田　侑希（のだ　ゆうき）
野澤・中野法律事務所（神奈川県弁護士会所属）

伊藤　安耶（いとう　あや）
狩倉総合法律事務所（神奈川県弁護士会所属）

石井　和樹（いしい　かずき）
狩倉総合法律事務所（神奈川県弁護士会所属）

笹岡　亮祐（ささおか　りょうすけ）
ましろ法律事務所（神奈川県弁護士会所属）

中小企業の残業代紛争　使用者側の実務

2021 年 4 月 21 日　初版発行

編著者　　狩倉 博之・杉原 弘康・中野 智仁
発行者　　佐久間重嘉
発行所　　学 陽 書 房

〒102-0072　東京都千代田区飯田橋1-9-3
営業部　TEL03-3261-1111　FAX03-5211-3300
編集部　TEL03-3261-1112
http://www.gakuyo.co.jp/

ブックデザイン／佐藤　博
DTP 制作・印刷／加藤文明社　　製本／東京美術紙工

物損事件の処理に
役立つ情報が満載!

初めての法律相談対応から事件解決まで、必ず役立つ1冊!
訴状や示談書の書式例、法律相談時のチェックリスト等の資料を掲載!

弁護士費用特約を活用した
物損交通事故の実務

狩倉博之・渡部英明・三浦靖彦・杉原弘康 [編著]
A5判並製／定価2,530円（10％税込）